99 × HAMBURG
wie Sie es noch nicht kennen

Christine Lendt
Annett Rensing

BRUCKMANN

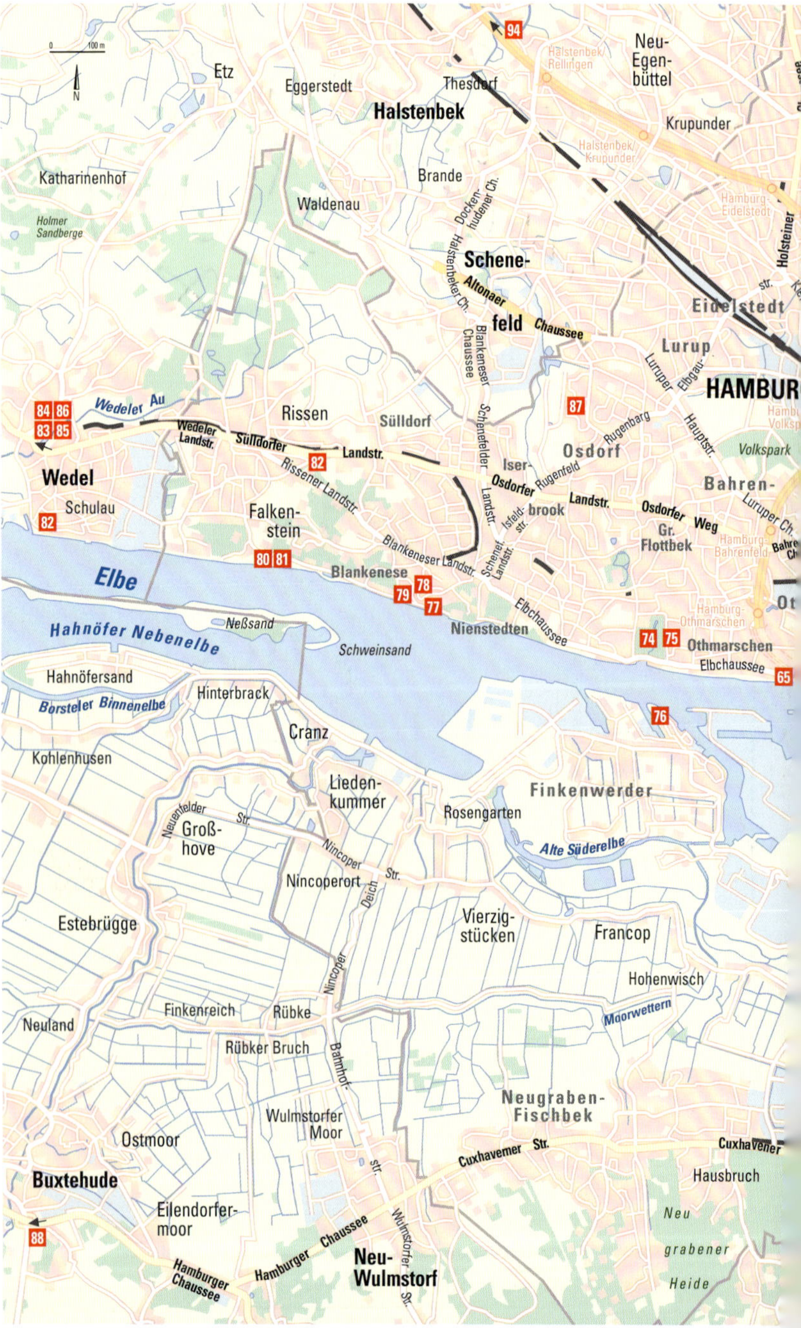

0 100 m
N
94
Etz
Eggerstedt
Thesdorf
Halstenbek/Rellingen
Neu-Egenbüttel
Halstenbek
Krupunder
Halstenbek/Krupunder
Chaussee
Katharinenhof
Brande
Waldenau
Holmer Sandberge
Dockenhudener Ch.
Hamburg-Eidelstedt
Halstenbeker Ch.
Holsteiner
Schenefeld
Altonaer Chaussee
Blankeneser Chaussee
str.
Eidelstedt
Lurup
Luruper Elbgau-
HAMBUR
84 86
83 85
Wedeler Au
Rissen
Sülldorf
87
Wedeler Landstr.
Sülldorfer Landstr.
82
Rugenbarg
Hauptstr.
Volkspark
Osdorf
Schenefelder Landstr.
Rissener Landstr.
Iserbrook
Rugenfeld
Osdorfer Landstr.
Wedel
Schulau
Falkenstein
Isfeld-str.
Bahrenfeld
Luruper Ch.
Osdorfer Weg
82
Gr. Flottbek
Hamburg-Bahrenfeld
Bahrenfelder Ch.
80 81
Blankeneser Landstr.
Schenef. Landstr.
Elbe
Blankenese
78
79
77
Hamburg-Othmarschen
Ot
Hahnöfer Nebenelbe
Neßsand
Elbchaussee
Nienstedten
74 75
Othmarschen
Schweinsand
Elbchaussee
65
Hahnöfersand
Hinterbrack
Borsteler Binnenelbe
76
Cranz
Kohlenhusen
Liedenkummer
Finkenwerder
Neuenfelder Str.
Rosengarten
Großhove
Nincoper Str.
Alte Süderelbe
Nincoperort
Deich
Estebrügge
Vierzigstücken
Francop
Nincoper
Hohenwisch
Finkenreich
Rübke
Moorwettern
Neuland
Rübker Bruch
Bahnhofstr.
Neugraben-Fischbek
Wulmstorfer Moor
Ostmoor
Cuxhavener Str.
Cuxhavener
Buxtehude
Hausbruch
Eilendorfermoor
Neugrabener Heide
88
Hamburger Chaussee
Neu-Wulmstorf
Wulmstorfer Str.

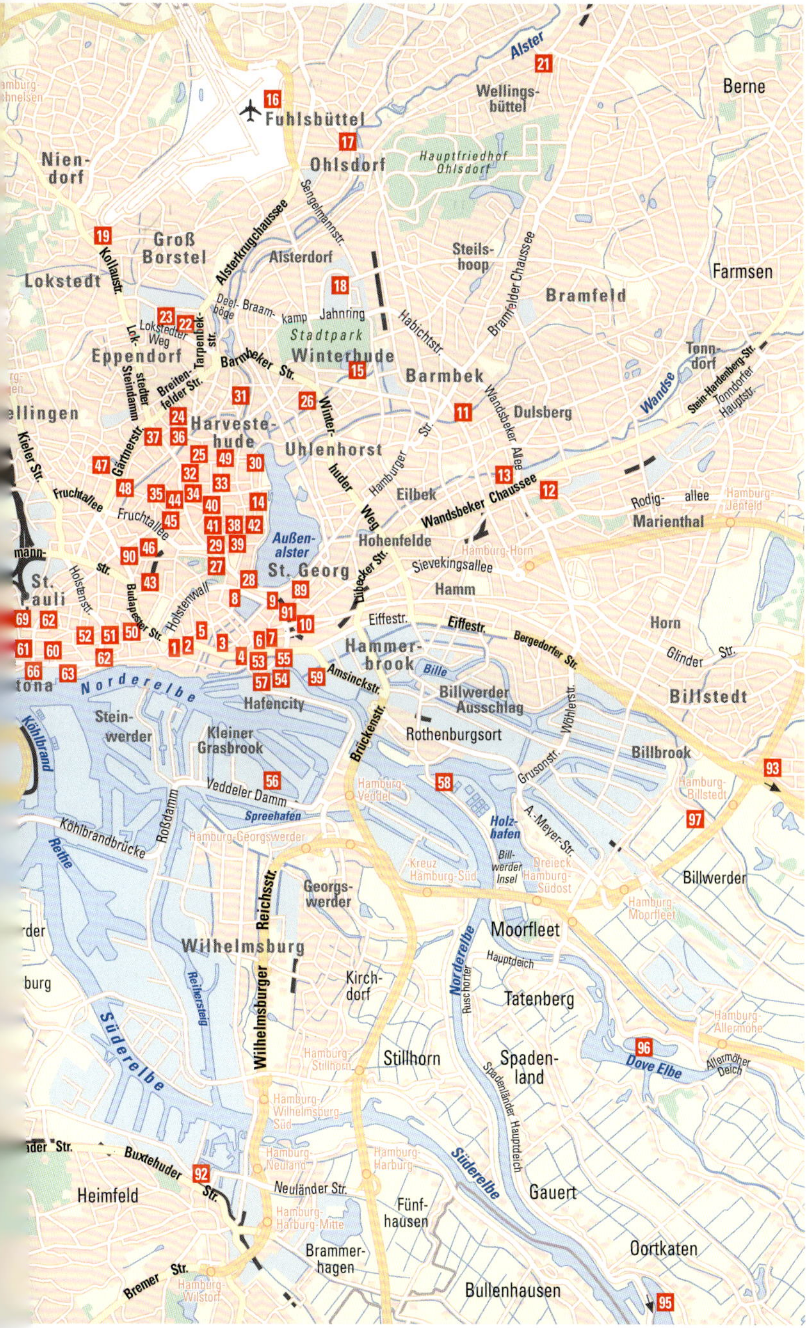

Alster
21
Berne
Wellings-
büttel
16
Fuhlsbüttel
17
Ohlsdorf
Hauptfriedhof
Ohlsdorf
Nien-
dorf
Sengelmannstr.
Alsterkrugchaussee
19
Groß
Borstel
Alsterdorf
Steils-
hoop
Bramfelder Chaussee
Farmsen
Lokstedt
Kollaustr.
18
Bramfeld
Deel-
böge
Braam-
kamp
Jahnring
Habichtstr.
23
22
Lokstedter
Weg
Tarpenbek-
str.
Stadtpark
Tonn-
dorf
Stein-Hardenberg-Str.
Tonndorfer
Hauptstr.
Eppendorf
Barmbeker Str.
Winterhude
15
Barmbek
Lok-
stedter
Steindamm
Breiten-
felder Str.
31
26
Wandsbeker
Allee
Wandse
ellingen
Winter-
huder
Weg
11
Dulsberg
24
Harveste-
hude
Str.
Kieler Str.
Gärtnerstr.
37
36
Uhlenhorst
25
49
30
47
32
Hamburger
13
12
Rodig-
allee
Hamburg-
Jenfeld
33
Eilbek
Fruchtallee
48
35
44
34
14
Wandsbeker Chaussee
Fruchtallee
40
Marienthal
45
41
38
42
Außen-
alster
Hohenfelde
mann-
str.
46
29
39
Hamburg-Horn
90
27
St. Georg
Lübecker Str.
Sievekingsallee
St.
Pauli
Holstenstr.
43
28
89
Hamm
Budapester Str.
Holstenwall
8
9
91
69
62
10
Eiffestr.
Eiffestr.
Horn
52
51
50
5
Bergedorfer Str.
1
2
3
6
7
Hammer-
brook
Glinder
Str.
61
60
62
4
53
55
Bille
66
63
57
54
59
Amsinckstr.
Billwerder
Ausschlag
Billstedt
tona
Norderelbe
Hafencity
Wöhlerstr.
Stein-
werder
Brückenstr.
Köhlbrand
Kleiner
Grasbrook
Rothenburgsort
Billbrook
Grusonstr.
93
56
Hamburg-
Veddel
58
Hamburg-
Billstedt
Veddeler Damm
Roßdamm
Spreehafen
Holz-
hafen
97
Köhlbrandbrücke
A.-Meyer-Str.
Rethe
Hamburg-Georgswerder
Bill-
werder
Insel
Kreuz
Hamburg-Süd
Dreieck
Hamburg-
Südost
Billwerder
Reichsstr.
Georgs-
werder
Hamburg-
Moorfleet
rder
Moorfleet
Wilhelmsburg
Hauptdeich
burg
Reiherstieg
Kirch-
dorf
Norderelbe
Ruschorter
Tatenberg
Wilhelmsburger
Süderelbe
Hamburg-
Allermöhe
96
Hamburg-
Stillhorn
Stillhorn
Spaden-
land
Dove Elbe
Allermöher
Deich
Spadenländer Hauptdeich
Hamburg-
Wilhelmsburg-
Süd
Hamburg-
Neuland
Hamburg-
Harburg
Süderelbe
Buxtehuder
Str.
92
Gauert
Heimfeld
Neuländer Str.
Fünf-
hausen
Hamburg-
Harburg-Mitte
Brammer-
hagen
Oortkaten
Bremer
Str.
Hamburg-
Wilstorf
Bullenhausen
95

Inhalt

Eimsbüttel mit Sternschanze

Altona

Rund um den Hafen

Ottensen

Elbvororte

Sonstiges

Vorwort

Wer schon seit vielen Jahren in einer Stadt lebt, jeden Winkel zu kennen glaubt, bewegt sich in gewohnten Bahnen. Das Lieblingscafé und die morgendliche Joggingrunde haben sich ihren Platz im Tagesablauf erobert, die Museen sind weitgehend Touristen überlassen. Der Alltag rotiert, sehnsüchtig wird der nächste Urlaub erwartet. Endlich mal wieder rausfahren, endlich einmal etwas anderes sehen, ein Abenteuer erleben oder dem Geist neues Futter geben.

Dabei steckt Hamburg voller Orte, die selbst viele Hamburger noch nicht sahen oder nur mit einem bestimmten Blick. Viele ahnen nicht, dass der Backstein auch auf besondere Weise verbaut wurde oder sich unter der Lombardsbrücke ein Dampfboot-Wartezimmer verbirgt. Nur wenige wissen von der Kunst der Schlumper, von der zwölf Meter langen Elbkarte oder den Schmetterlingen im Philosophenturm. Orte, die jeder gesehen zu haben glaubt, halten Neues, Überraschungen oder Persönliches bereit. So ist das Hafenmuseum bekannt, weniger jedoch die Tatsache, dass dort Luft pumpende Besucher einem Taucher das Leben sichern. Produkte wie das »Rundstück warm« oder der »Rotspon« prägten die Geschichte der Hansestadt, doch viele Hamburger ahnen nicht einmal, dass es sie gibt.

Diese wunderbare, vielseitige Stadt – Kosmos verschiedenster Menschen – versteht es, ihre Bewohner und Gäste zu überraschen, immer wieder, wenn man möchte, jedes Wochenende oder für eine besondere Stunde. Jeder Ort steckt voller Geschichten, die gelesen, gesehen oder gehört werden wollen. Es sind lustige und ernste Geschichten, bunt und voller Abwechslung wie das Leben selbst. Wir haben einige davon zusammengetragen und dabei selbst Hamburg neu lieben gelernt. Und das immer wieder. Mindestens 99 Mal.

Die Autorinnen
Christine Lendt und Annett Rensing

01 Das Michaelis-Quartier

Rotklinkerfassaden gehören zu Hamburg wie das Wasser in die Elbe. Ganze Straßenzüge, ganze Stadtviertel sind daraus gemauert. Ein Bauwerk fällt aus der Reihe: Das Michaelis-Quartier an der Ludwig-Erhard-Straße. Es zeigt den Hamburger Backstein einmal anders.

Unbewusst ist es eine der am meisten betrachteten Fassaden Hamburgs: Genau dahinter steht der Michel. Passanten und Fahrende, die sich von der Reeperbahn nähern, sehen den Kirchturm über ihrem Dach hervortreten. All ihre Blicke konzentrieren sich auf das Wahrzeichen, dabei ist auch das vordere Gebäude etwas Besonderes. »Wie steht ein Haus zur Stadt? Wie verlängert sich der offene Geist einer Stadt in das Haus hinein?«, fragte sich der ausführende Architekt Otto Steidle (1943–2004). Dem soliden Backstein wollte er sich nicht zu sehr hingeben. Andererseits hielt er ihn für das Grundsätzliche und Beste der Hamburger Architektur. Also bekam das Michaelis-Quartier eine pixelartige Steinfassade in Rot, Schwarz, Weiß und Ockerrosa, eine Grafik des Künstlers Blinky Palermo (1943–1977) hatte ihn dazu inspiriert. Vorn zog eine Wirtschaftsprüfungsgesellschaft ein, im hinteren Teil des Quartiers leben Menschen in sonnengelb verputzten Häusern.

Stets betonte Otto Steidle den bewohnbaren Charakter von Bürobauten und den offiziellen Charakter von Wohnbauten. Im Jahr 2000 überquerte er in einem Unimog die Schweizer Alpen, um bei der 7. Architektur-Biennale in Venedig zu erscheinen. Die Ladefläche ließ sich zu einem gelb-roten Nomadenhaus ausklappen. Er sah die Zukunft nicht in sozialen Netzen, sondern in persönlicher Beweglichkeit. Der Architekt gestaltete Bauten in der Münchener Leopoldstraße, das Olympische Dorf in Turin und in China einen Wohnkomplex in Form eines Drachens. Zusammen mit Uwe Kiessler schuf er das Pressehaus Gruner & Jahr im Hamburger Hafen. Das geschah ohne Backstein, denn es stellt einen Ozeandampfer dar.

Michaelis-Quartier · Ludwig-Erhard-Straße 11–17 · 20459 Hamburg
S 3, S 1 Haltestelle Stadthausbrücke · Ausgang Michaelisstraße / U 3 Haltestellen Rödingsmarkt, Baumwall oder St. Pauli / Bus 36 · 112 (Haltestelle U-Bahn St. Pauli)
6, 37 (Haltestelle Michaeliskirche)

Das Kreuz mit offenem Herzen für den »Michel«

02

Vor fast 20 Jahren leuchtete das Kreuz goldkupfern. Inzwischen durch Wind und Wetter rostbraun oxidiert, hat es immer noch seine mystische Anziehung: Einmal kein Kruzifix des ausgezehrten von Nägeln durchbohrten Jesus'. Dieses strahlt Wärme aus.

Vielleicht wäre das Kreuz nie entstanden, hätte es der Bildhauer Adam Ostrowski nicht so schwer mit dem Glauben.

Die treibende Kraft seiner Werke ist der Dualismus. Ganz gleich, ob auf die Verbindung heterogener Materialien oder den Konflikt zwischen Gut und Böse in der Welt bezogen. Ihn forderte der Auftrag, ein Kreuz für das Gemeindehaus am Michel zu gestalten, heraus. Die Aufgabe bestand darin, ein Sinnbild der Einheit von Extremen zu schaffen als Gegenpol zum Drachen tötenden Erzengel Michael über dem Hauptportal.

Ein Holzmodell war eines von vielen behutsamen Anfängen, bevor er sich seinem Lieblingsmetall widmete. Die Kupferplatten, die er wählte, waren doppelt so stark wie die des Michelturms. Muskelandeutungen verschmolzen mit der Balkenform zu einem 3,40 Meter hohen Kreuz. Das große, offen gelegte Herz spiegelt das Leid Christi eher als Erlösung denn als Schmerz wider – Leben, nicht Tod ist hier die Aussage. Ostrowski wurde beinahe unter dem Kreuz vergiftet, als er Dämpfe, ohnmächtig vor Anstrengung, durch das Schweißen inhalierte. Er spricht von seiner größten schöpferischen Arbeit: »Ich musste es ganz von innen heraus machen«.

Auf dem Weg zum Wahrzeichen der Stadt zum »Hamburger Gipfel« mag sich mancher beim Blick auf das Kreuz fragen, was es bedeutet. Für den Bildhauer ist das Zentrale »die Liebe«. Sie gelingt nicht mit dem Verstand: »Das Herz hat seine Gründe, die der Verstand nicht kennt. Es ist das Herz, das Gott empfindet, und nicht der Verstand. Darin besteht der Glaube (Blaise Pascal).«

Daran wird uns Ostrowskis Kreuz immer erinnern, auch wenn es mit Patina überzogen graugrün schimmert.

St. Michaelis (Michel) · Englische Planke 2, 20459 Hamburg
U 3 Baumwall · Bus 112 / 37 Michaeliskirche

03 Der Vierländer(in)-Brunnen

Blauer Himmel. Marktgetümmel. Kurz vor Marktbeginn. Scharen von Vierländer, Altländer und Bardowicker Bauern strömen zu ihren Plätzen. Auf dem Rücken sieben Kiepen oder zehn Körbe am Tragjoch. Historische Fotos belegen anschaulich die unvorstellbare Enge auf Hopfenmarkt und Meßberg.

Bis das Markttreiben 1911 zum Deichtorplatz übersiedelte, befanden sich hier die Märkte für Gemüse, Obst und Blumen aus den Vier- und Marschlanden.

Fischfrauen übertönten die Gemüsefrauen mit ihren lautstarken Anpreisungen: »Madame, labennige (lebendige) Scholln und Aale!« Marktgeschäft war Frauensache. Dementsprechend bildet eine Vierländer Bäuerin das Motiv für die Brunnenfigur des Marktbrunnens, der nun einsam und vergessen auf dem heutigen Hopfenmarkt vor dem Mahnmal St. Nikolai steht.

Jeden Dienstag und Donnerstag findet auf dem Platz ein kleiner Wochenmarkt mit verschiedenen Fleisch-, Gemüse- und Imbissständen statt. Ehemaliger Standort des Brunnens war der Meßberg beim Chilehaus. Geschaffen wurde er 1878 von Engelbert Peiffer. Die Vierländerin mit Schulterjoch (Dracht), Gemüsekorb und für die damalige Zeit aufreizend kurzem Trachtenrock hat eine bewegte Geschichte hinter sich. Sie sollte am Meßberg an die Vierländer erinnern, die die Hamburger seit Jahrhunderten über diesen alten Obst- und Gemüsemarkt als Hauptlieferanten mit frischer Ware versorgten. Nach mehreren Umzügen fand die fast 100- jährige, viel besungene Deern 1975 ihren Platz unter den Baumreihen auf dem Hopfenmarkt.

Über dem achteckigen Brunnenbecken erhebt sich ein steinerner schmaler Sockel, an dessen Ecken vier bronzene Wasser speiende Enten sitzen, dazwischen die weise Inschrift: »Auf dem Markt lernt man die Leute kennen.«

Vierländer(in)-Brunnen · Hopfenmarkt · 20457 Hamburg-Altstadt
www.denkmalstiftung.de
U 3 Rödingsmarkt · S 1, 3 Stadthausbrücke

Die Kirche St. Katharinen

04

Unter den fünf Hauptkirchen, deren Türme immer noch die Silhouette der Hansestadt bestimmen, gibt es eine ganz besondere: St. Katharinen. Ein Grund dafür ist die Stiftung Johann Sebastian Bach, welche die Rekonstruktion der 1943 zerstörten Orgel finanziert oder die Konzerte »Zappa spielt für Bach«.

Das weit ausladende Kirchenschiff mit dem barocken Turm, in dessen Haube nach einer Legende das Gold des 1450 in Hamburg hingerichteten Seeräubers Klaus Störtebeker verarbeitet wurde, steht unmittelbar am Rand der Speicherstadt und Hafencity.

»Klug, mutig, schön« lautet das Motto von St. Katharinen, benannt nach einer ägyptischen Königstocher. Der Schutzpatronin der Bierbrauer, Kaufleute, Schiffsbauer und Seeleute wurde das Gotteshaus auf einer Elbinsel bereits gegen 1256 gewidmet. Der Sockel des Turmes gilt als das älteste gemauerte Bauwerk Hamburgs.

Die heutigen Besucher betreten eine jüngst generalsanierte Kirche, deren Innenraum mit fast 30 Metern Höhe an eine Kathedrale mit modernster Technik erinnert. Als Universitätskirche wird neben den Gottesdiensten und großen Kirchenmusiken auch ein vielfältiges Kulturprogramm von Ausstellungen, Lesungen, Vorträgen bis hin zu Konzertreihen wie »Lausch-Lounge« geboten.

▶ **Wer heute einen Nachfolger des großen Kantors J. S. Bach hören will, sollte Kirchenmusikdirektor Andreas Fischer in St. Katharinen immer mittwochs um 12.30 Uhr in der Kirche lauschen zu: »Musik und Muße« – 20 Minuten Auszeit für die Seele und die Ohren.**

Die »Stiftung Johann Sebastian Bach« realisierte 2013 auch die Rekonstruktion einer der größten Barockorgeln Europas. Die niederländische Orgelbaufirma Flentrop baute unter Verwendung von 520 erhaltenen originalen Pfeifen das Großinstrument mit 61 Registern ein. In Katharinen spielte Johann Sebastian Bach 1720 sein legendäres Vorspiel auf einem »in allen Stücken vortrefflichen Werk« – so das Lob des Barockkomponisten.

Hauptkirche St. Katharinen · Katharinenkirchhof 1 · 20457 Hamburg
Tel. 040/30 37 47 30 · www.katharinen-hamburg.de
U 1 Meßberg · MetroBus 4 und 6 Brandstwiete · Bus 3, 31, 35 Rödingsmarkt

05 Der Siebdruck bei »Frohstoff«

Darf's ein bisschen mehr Hamburg sein? Fernsehturm, Hafendocks, Astrapullen oder doch lieber selbst gewählte Sinnsprüche auf Blusen, Kissen, Lampen gedruckt – nonchalant überzeugen die Inhaber mit ihrem Motto: »Es gibt nichts, was man nicht mit schönen Stoffen machen kann.«

Eigentlich können viele Hanseaten die irgendwo abgebildeten Klischees unserer geliebten Hafenstadt nicht mehr sehen. Manch einer bekommt aber nicht genug davon. Dem Siebdruckladen »Frohstoff« ist das egal, ihm ist der Spagat zwischen Hamburgensien und Heimatassoziationen (Eisvogel, Hase, Pusteblume) oder völlig anderen Motiven gelungen. Die Handsiebdrucke auf unterschiedlichsten Materialien, verwandelt in Interieurobjekte, Accessoires oder Kleidungsstücke, liefern die Könner auch ins Haus oder vertreiben sie über den Einzelhandel. Für Interessierte werden auch Kurse angeboten, in denen sie selbst handwerklich tätig werden können. Das Lieblingsbild kommt mithilfe eines besonderen Verfahrens auf das Sieb. Dieses Bild wird mit der ausgewählten Farbe bestrichen, auf den Bedruckstoff gedrückt, übergebügelt, fertig – Arbeitsweisen und Methoden sind vielfältig. Jedes Kunstwerk hat sein eigenes Sieb. Kein Wunder, dass sich diese Arbeitsutensilien in den Produktionsräumen im Keller nur so stapeln.

Das »Frohstoffpaar« Meike Marie Buchholz (Designerin) und Jörg Vogt (Schneider) hat noch etwas ganz anderes geschafft: Keine Kachel des Vorgängerladens, einer alten Wildschlachterei, wurde abgeschlagen. Die beiden haben ihr Geschäft sogar in die vermutlich nicht ganz behagliche Einrichtung des verstorbenen Metzgers eingefügt. An den gelblichen Kacheln stehen bei Frohstoff jetzt (ansprechend) die »Klassiker«: Eigens genähte Überwürfe für Flaschen, sogenannte »Flaschenhussen«, Buchhüllen und viele andere Kreationen. Wer selbst die Technik des Siebdrucks erlernen möchte, hat auch dazu bei »Frohstoff« Gelegenheit. Hierfür muss ungefähr ein halber Tag eingeplant werden.

Frohstoff Siebdruck & Textilmanufaktur Meike Marie Buchholz · Atelier
Wexstraße 38 · 20355 Hamburg · Tel. 040/39 99 14 47 · www.frohstoff.de
U 1 Jungfernstieg

GOOT
hamburg
Gemischter Salat 3,90
wahlweise mit Rind oder Putenbrust 4,90
Vegetarische Sandwiches 3,90
Kartoffelecken 2,50
täglich wechselnde Suppen 2,90
~Finest Cuts~
warme Sandwiches mit Schweinebraten, Prager Schinken, Rinderbraten, Putenbrust 4,90
vers. Braten mit Kartoffelecken dazu Salat oder Kraut 6,90
Heute
leckere
Brokkoli-Suppe
it's goot for you

Echte Hamburger im Goot

06

Wie der Name schon sagt: Die weltbekannte Frikadelle im Brötchen stammt aus Hamburg, zumindest laut der gängigen Überlieferung. Ursprünglich aber war das, was man heute mit Fast Food verbindet, etwas ganz anderes. Das original »Rundstück warm« gibt es im Goot, einem kleinen Deli im Kontorhausviertel.

Für Hafenarbeiter war das »Rundstück warm« das Mittel, das Leib und Seele zusammen hielt. Es bestand aus einem Brötchen mit einer Scheibe Schweinebraten samt Sauce und war eine komplette warme Mahlzeit, die sich überall und ohne Besteck verzehren ließ. Gut verpackt nahmen sie es noch im frühen 20. Jahrhundert mit zur Arbeit. Auf den Schiffen in Richtung USA hatten Seeleute und Passagiere aus den unteren Klassen den »Ur-Hamburger« als Proviant dabei. So reiste das Rezept für den Schweinebraten im Brötchen über den Atlantik, wo es sich wohl im Laufe der Zeit zum Hackburger wandelte.

Wie gut das fast vergessene Original schmeckt, entdeckte Steffen Mohr. Selbst in Hamburg geboren, hat er viele Jahre im Hotelmanagement gearbeitet, lebte in London und auf den Bermudas. Er kehrte zurück, um ein eigenes Lokal in seiner Heimatstadt zu eröffnen. Im »Goot« gibt es Traditionskost im Ambiente eines trendigen Delis, schlicht und edel. An den Wänden erzählen große Schwarz-Weiß-Fotografien ein Stück Hafengeschichte. Auch andere Künstler stellen ihre Werke aus.

Das legendäre Rundstück wird hier zu jeder Tageszeit serviert. Hausgemacht sind auch alle anderen Speisen, Tagessuppen und Kartoffelecken. Es gibt süß-würziges Sauerkraut nach altem Familienrezept und »Finest Cuts« vom Prager Schinken, Charolais-Rind oder anderen Braten. Das Goot verwendet Qualitätsfleisch aus der Region ohne Antibiotika und bietet auch Vegetarisches an. Die Küche hält, was der plattdeutsche Name verspricht: Hier schmeckt es einfach gut. Als hätte Muttern heimlich noch eben etwas Wärmendes in die Pausenbox gesteckt.

Goot – Finest Cuts · Depenau 10 (beim Chilehaus) · 20095 Hamburg
Tel. 040/67 30 61 71 · www.goot-hamburg.de
U 1 Meßberg

07 Die Porzellanwerkstatt

Wer jemals ein Stück Porzellan geliebt hat, weiß was es bedeutet, wenn feinste Kunst in Stücke bricht. Schon manche, die vor einem Scherbenhaufen standen, fanden in der Werkstatt von Harald Schmalhaus die Freude wieder.

Der Glanz vergangener Zeiten scheint in dem Schaufenster wieder aufzuleben. Restaurierte Vasen, Teller, Tassen – Stücke, die Generationen zusammenhielten – reihen sich dort, mit vergoldeten Henkeln und filigranen Blüten, aneinander. Sie konnten ein zweites Mal Geburtstag feiern. Die Porzellanwerkstatt im Kontorhausviertel ist Anlaufstelle für alle, denen etwas Wertvolles zerbrach. Die einen lassen das teure Erbstück restaurieren, andere kommen wegen ideeller Werte, sei es Großmamas Kaffeeservice, die Lieblingstasse vom Flohmarkt oder der Wandteller, der einen sicheren Aufhänger benötigt. Fehlende Teile von Figuren, Tassen oder Terrinen, Knöpfe von Deckeln oder verloren gegangene Scherben werden originalgetreu wieder hergestellt und ersetzt. Manches gute Stück wird hier in ein ganz besonderes verwandelt. Zum Service gehören auch Glasreparaturen, das Vergolden oder Versilbern von Porzellan und Glas und das Schleifen von Randfehlern. Museen und Privatkunden aus ganz Deutschland schicken ihre Stücke. Prunkvolles kam aus dem Bismarckmuseum, eine Meissener Krugvase samt Sockel, in deren fein gearbeitete Details man sich verlieren könnte.

▶ Das Kontorhausviertel erkunden. In den kleinen Läden und Restaurants wird man immer nett bedient, auch das historische Chilehaus lohnt den Besuch.

Die Porzellanwerkstatt blickt auf eine mehr als hundertjährige Geschichte zurück und ist seit rund 60 Jahren in Familienhand. Harald Schmalhaus übernahm die Firma von den Schwiegereltern, in der Werkstatt unterstützt ihn Restauratorin Renate Leismann. Wenn ein Kunde hereinkommt, klimpert eine besondere Klingel über der Tür. Sie besteht aus einer Tasse, die niemals kaputt geht.

Die Porzellanwerkstatt · Altstädter Straße 11 · 20095 Hamburg
Tel. 040/34 24 42 · www.dieporzellanwerkstatt.de
U 1 Meßberg

Die Barockputte

08

Manchmal scheint es, als sei früher alles romantischer gewesen. Da flirteten Liebespaare in Barockgärten und trugen sich in einer Idylle von Putten Gedichte vor. Hier und da tauchen wieder Relikte dieser Zeit auf wie im Hinterhof der Berenberg Bank: Die dortige Barockputte ist die bisher älteste Skulptur Hamburgs.

Auch in Hamburg lustwandelten die Menschen durch kunstvolle mit muschelförmigen Beeten komponierte Barockgärten. Einer der berühmtesten existierte bis etwa 1861 im Garten des von Karl-Gottlieb Schimmelmann erbauten inzwischen abgerissenen Schlosses in Wandsbek. Schimmelmann, seinerzeit durch Sklavenhandel zu Wohlstand gelangt, hatte einen Hausarchitekten: Carl Gottlob Horn. Dieser wiederum besaß ebenfalls ein Anwesen mit einer großen Anzahl von Barockputten, kleine Knaben mit Flügel oder ohne, nackt oder leicht bekleidet.

Am Neuen Jungfernstieg im Innenhof der Berenberg Bank, der ältesten Privatbank Deutschlands, steht ein solches Kleinod auf einem Elbsandsteinsockel. Angeblich soll es aus dem Garten des Grafen Horn stammen und wurde vor Jahrzehnten von der Stadt gekauft. Der nackte kleine Mann ist natürlich nicht so berühmt wie die Putte »Manneken Pis« aus Brüssel, wohl aber eine der ältesten Skulpturen Hamburgs, entstanden um 1730.

Putten waren in dieser Zeit bunt bemalt oder vergoldet und wurden vorwiegend zu rein dekorativen Zwecken eingesetzt. Doch dienten sie auch allegorischen Darstellungen. Vergänglichkeit ist dann das Thema, mit dem diese Geschöpfe verknüpft sind. Den Betrachter erinnert die eigenartige, abgelebte, melancholische Physiognomie an den Fluss der Zeit. Seit der Antike ist der kindliche geflügelte Eros, Gott der Liebe, eine beliebte mythische Figur, die unter anderem auf den Fresken in Pompeji auftaucht.

Der Hof der Berenberg Bank ist von der Fehlandstraße aus frei betretbar (links halten und Augen auf, in den Grünanlagen versteckt sich der kleine Mann).

Berenberg Bank · Neuer Jungfernstieg 20 · 20354 Hamburg
U- und S-Bahn Jungfernstieg

09 Das Kunsthaus

Es ist der einzige Ort für die Präsentation Hamburger Künstler. Richtig auf dem Plan hat man das Kunsthaus nicht. Sollte man aber, denn die jährlichen Themenausstellungen sind anregend. Wer mehr über Künstlerszene und Newcomer wissen will, ist hier bestens aufgehoben.

Aus dem abgerissenen gelben Glas-Klinkerbau am Ferdinandstor ging 1962 das Kunsthaus hervor. Die neuen Räume wurden 1993 in den Markthallen eröffnet. Die typisch hanseatischen Backsteingebäude von Fritz Schumacher dienten zunächst als Gemüse-, später als Blumenhallen und nach dem Krieg als Sacklager der Post. Die Neustrukturierung des gesamten Gebäudes erfolgte 1995.

Die Institution ist ein Haus für Hamburger Künstler mit dem Schwerpunkt zeitgenössische Kunst und jährlich acht bis zehn Ausstellungen. Leiter ist Claus Mewes, Gesellschafter sind der Berufsverband Bildender Künstler (BBK), der Verein Neue Kunst in Hamburg, die Griffelkunst-Vereinigung und der Medienunternehmer Frank Otto.

▶ Ein Kaufhaus mal ganz anders: Direkt schräg gegenüber des Kunsthauses befindet sich die »Arena« auf dem Dach des Karstadt-Sporthauses. Im Sommer kann man hier inlineskaten, im Winter läuft man Schlittschuh mit einem Superblick über die Dächer der Innenstadt. Lange Mühren 14 (Mönckebergstraße)

Was nicht bekannt ist: Dem Kunsthaus stehen immerhin der 500 Quadratmeter große Ausstellungsraum, die fast ebenso große Barlach-Halle und das luftige Foyer für Präsentationen zur Verfügung.

Einmal jährlich werden Ausstellungen des BBK, Arbeiten der Künstler des Hamburg-Stipendiums und des Kulturaustauschprogramms gezeigt. Das Kunsthaus beteiligt sich zudem an übergreifenden Veranstaltungen wie der Fototriennale, der Verkaufsausstellung für Junge Kunst »Index« sowie dem Architektur-Sommer. Einzelausstellungen widmen sich Retrospektiven oder besonderen Projekten.

sthaus · Di–So 11–18 Uhr · Eintritt 4 Euro, erm. 2 Euro · Klosterwall 15, 20095 Hamburg
Tel. 040/33 58 03 · Fax: 040/3 36 51 · www.kunsthaushamburg.de
U 1 Steinstraße oder Busse · U- und S-Bahn bis Hauptbahnhof, von dort 5 Gehminuten

Die SPIEGEL-Kantine

10

Man kann sich fragen, wie es den Redakteuren des Nachrichtenmagazins gelang, nach dem Mittagessen mit kühlem Kopf investigativen Journalismus zu betreiben. Man kann die in psychedelischen Mustern und Knallorange gehaltenen Räume aber auch als Designkunstwerk der 1960er-Jahre sehen.

Die Kantine stammt aus der Zeit, als sich Verlag und Redaktion an der Ecke Ost-West-Straße/Brandstwiete befanden. Hinter der nüchternen Fassade des Glasturms erwartete die Mitarbeiter ein Interieur, das der SPIEGEL selbst als »lustig-sinnliches Inferno leuchtender Farben und schwellender Formen« bezeichnet. Geschaffen wurde es von dem dänischen Designer Verner Panton (1926–1998). Damals vor allem für seine psychedelischen Innenräume bekannt, schuf er dreidimensionale Rauminstallationen, die in Form- und Farbgebung zum Zeitgeist der 1960er-Jahre passten. Bis zum zehnten Stock hinauf schillerten die Ressortflure in poppigen Tönen. Im Foyer, Schwimmbad und Konferenzraum prangten Licht-Tapeten aus Schalenformen an Wänden und Decken.

Ab den 1980er-Jahren empfand man die Einrichtung als unpassend. Der Eingangsbereich wurde in grauschwarzen Granit gefasst, die Ressorts ließen ihre Flure weiß streichen und dezentere Teppiche verlegen. Die berühmte Kantine durfte bleiben. Bürgerinitiativen setzten durch, dass das aus drei Räumen bestehende Ensemble im Jahr 1998 unter Denkmalschutz gestellt wurde. Die Mitarbeiter speisten weiterhin in orangefarbenen, roten und violetten Raumkunstwerken. Passanten äugten neidisch hinein: Journalist hätte man werden sollen. Seit Oktober 2012 dürfen alle das Verpasste nachholen. Im Museum für Kunst und Gewerbe wurden der orangefarbene Speiseraum und die Snackbar der Öffentlichkeit zugänglich gemacht. Der SPIEGEL schenkte sie dem Museum nach seinem Umzug in die Hafencity. Andere Teile der Kantine nahm er mit in die neue Snackbar. Auch Redakteure können Sehnsucht bekommen.

Museum für Kunst und Gewerbe · Di, Mi, Fr–So 10–18 Uhr, Do 10–21 Uhr (an oder vor Feiertagen 10–18 Uhr) · Eintritt 10 Euro, ermäßigt 7 Euro, Donnerstag ab 17 Uhr 7 Euro
Steintorplatz · 20099 Hamburg · Tel. 040/4 28 13 48 80 · www.mkg-hamburg.de
U- und S-Bahn Hauptbahnhof

11 Manufaktur der 1001 Gewürze

Die Barmbeker nennen sie die »Spice Girls«, denn sie verschafften dem Stadtteil sein eigenes Gewürz. In ihrer Manufaktur in der Geierstraße kreieren Katharina Wilck und Bettina Matthaei ausgefallene Gewürzmischungen. Ihr Wissen geben sie in Seminaren weiter.

»Barmbek Booster« heißt die rote Hommage an den Standort der Manufaktur. Die Gewürzmischung aus der gestylten Weißblechdose verschärft zum Beispiel Rührei, Suppen und Bohnentöpfe. Noch zwei Hamburger Stadtteile haben ein eigenes Aroma: Es gibt »Schanzen Chili« und »Pauli Pepper«. Mit ungebremster Leidenschaft kreiert Kochbuchautorin Bettina Matthaei neue und ausgefallene Mischungen wie diese. Tag für Tag experimentiert sie in der Versuchsküche auf der Suche nach außergewöhnlichen Geschmackserlebnissen. Ihre Ideen entspringen Reisen in exotische Länder, das Ergebnis sind kleine Schätze der Aromenkunst. Ihre Tochter Katharina Wilck führt das Geschäft. Wenn eine Bestellung kommt, werden die Rohgewürze in aufwendiger Handarbeit gemahlen, gecuttert, gemischt und direkt abgefüllt.

Die Philosophie verlangt der kleinen Manufaktur ein logistisches Kunststück ab, denn sie produziert die Mischungen auftragsbezogen und in kleinen Mengen.

▶ Um die Ecke beginnt ein schöner Spaziergang. Entlang des Flusslaufs geht es bis in die Innenstadt oder hinaus ins schöne Alstertal.

Wer mehr wissen möchte, kann an einem rund dreistündigen Kurs teilnehmen. Es gibt einen Vortrag, anschließend wird geschnuppert und probiert, gemahlen und gerührt. So erfährt man unter anderem, welche Rohgewürze den vier Geschmackssinnen zugeordnet werden, ob eine rosa Pfefferbeere süß ist und warum die Bezeichnung »Pfeffersack« als Kompliment gilt. Geklärt wird auch die Frage, ob Schärfe wirklich glücklich macht. Jeder Teilnehmer darf zwei eigene Gewürzmischungen herstellen. Vielleicht ist bald jemand dabei, der das Aroma von Eppendorf in ein Gewürz verwandelt.

1001 Gewürze · Gewürzmanufaktur · Geierstr.1 · 22305 Hamburg
Tel. 040/80 60 12-71 oder -72 · www.1001gewuerze.de
Direktverkauf in der Hamburger Manufaktur Di und Mi 9.30–16.30 Uhr, Do 16.30–18.30 Uhr
U 3 oder S 1 / 11 Barmbek

1001 GEWÜRZE
GEWÜRZMANUFAKTUR HAMBURG
Hamburg macht scharf!
Pauli Pepper
1001 GEWÜRZE
GEWÜRZMANUFAKTUR HAMBURG
Hamburg macht scharf!
Schanzen Chili
1001 GEWÜRZE
Hamburg

1981: SPACESHUTTLE

KinderKunstMuseum

12

Initiiert von einer Lehrerin, entstand in Wandsbek eine wohl einmalige Einrichtung. Grundschüler schufen eine Ausstellung. Flure und ein Treppenhaus führen durch alle kunstgeschichtlichen Epochen. Das Hamburger KinderKunstMuseum ist öffentlich zugänglich.

Rund 400 Bilder und Objekte wurden gemeinsam zusammengetragen, um den Gang durch die Kunstgeschichte zu ermöglichen. Sämtliche Epochen, 19 an der Zahl, sind im KinderKunstMuseum vertreten. Sie werden dargestellt durch Kinderzeichnungen, Kopien großer Meisterwerke und informierende Schilder. Zwei Pinselpuppen führen durch die Ausstellung. Sich unterhaltend, bringen sie dem Betrachter die Werke näher. Die Reise beginnt bei der Steinzeit mit Felsmalereien und Ritzzeichnungen. Sie führt über die Romanik, Gotik und Renaissance bis hin zum Expressionismus, dem Surrealismus und schließlich in die Postmoderne mit dem Verpackungskünstler Christo.

▶ Im hauseigenen Museumsshop gibt es handsignierte Poster, die Verhüllungsprojekte von Christo zeigen. Auch ein eigens entwickelter Museumsführer ist hier erhältlich.

Zwei Jahre lang hatten die 57 Schülerinnen und Schüler aus der Bovestraße unermüdlich an den Exponaten gearbeitet. Kunstlehrerin Gabriele Klier realisierte mit ihnen das klassenübergreifende Projekt, um dem Nachwuchs einen besonderen Zugang zur Kunst zu ermöglichen. Der Großteil der Bilder ist den Meisterwerken der großen Maler nachempfunden. Man erkennt Edvard Munchs berühmten *Schrei* und die lichtvollen Gemälde van Goghs, begegnet der Künstlergruppe »Der Blaue Reiter« und expressionistischen Rasterbildern. Damit der Betrachter das Wesentliche erfasst, sind die Epochen anhand exemplarischer Exponate dargestellt. Nach Absprache sind Führungen möglich mit Mitmach-Aktionen für die jungen Besucher. Auch manche Erwachsene mussten anschließend zugeben, dass sie eine Menge dazugelernt haben in der Schule Bovestraße.

KinderKunstMuseum · Mo–Fr. 9–13 Uhr (Schulferien ausgenommen), beim Hausmeister anmelden
Bovestraße 10–12 · 22041 Hamburg · Tel. 040/7 32 79 86 · www.kinderkunstmuseum.de
S-Bahn: R10 Station Wandsbek · U 1 Station Wandsbek Markt · Bus 162 Haltestelle Josephstraße, 10, 261 und 263 Haltestelle S-Bahn Wandsbek

13 Die Elbkarte von Melchior Lorichs

Die Elbkarte aus dem Jahre 1568 diente dem Hamburger Rat erfolgreich als Beweismaterial vor Gericht. Der beauftragte Flensburger Maler Melchior Lorichs zeichnete sie sehr detailgetreu, allerdings wurde dabei ein wenig getrickst.

Mit abenteuerlichen zwölf Metern Länge und fast einem Meter Höhe ist diese Karte die älteste und längste Gesamtansicht der Niederelbe. Sie zeigt das Gebiet von Geesthacht bis in die Elbmündung.

Geheimnisvoll vom Tageslicht abgeschirmt ruht das kostbare Original im Melchior-Lorichs-Saal des Hamburger Staatsarchivs und wird selbst vor Kunstlicht durch einen Vorhang geschützt. Anlass der Herstellung dieses Gesamtbildes war der Streit der Stadt Hamburg mit den an der Süderelbe liegenden Städten Harburg, Stade, Buxtehude und Lüneburg (Herzogtum Braunschweig und Lüneburg) um die Hoheit über die Elbe und die Zolleinnahmen (Stapelrecht). Die Städte meinten, das von Kaiser Friedrich III. verliehene Stapelrecht bezöge sich nur auf die Norderelbe, nicht aber auf die Süderelbe als Hauptstrom der Elbe. Somit hätten sie Recht auf freie Schifffahrt. Die Hamburger beanspruchten aber das Recht allein für sich, denn für sie war die Elbe ein einheitlicher Strom mit der Norderelbe als Hauptarm, den sie überdies zum Schutz der Schifffahrt mit Tonnen und Leuchtfeuern gesichert hätten. Es ging also hauptsächlich um die Frage, ob die Süderelbe oder die Norderelbe der größere Fluss war.

▶ Nach vorheriger Anmeldung kann die Karte jeden ersten Mittwoch im Monat innerhalb der Öffnungszeiten besichtigt werden.

Als Beweis diente Lorichs' Elbkarte, die die Norder- gegenüber der Süderelbe in unrealistischem Maß vergrößert zeigt – was auch so gewollt war. Die Gegenpartei hatte eine qualitativ »schlechtere Elbkarte« von circa 1555 vorgelegt. Abgesehen von der Mogelei ist sie mit ihrer Genauigkeit und ihrem Detailreichtum eines der aufschlussreichsten Dokumente der Topografie des Unterelberaumes im 16. Jahrhundert.

Staatsarchiv Hamburg · Kattunbleiche 19 · 22041 Hamburg
Tel. 040/4 28 31 32 00 (Zentrale) oder 040/4 28 31 31 43 · www.hamburg.de/staatsarchiv/
U 1 Straßburger Straße

Das Brillenmuseum im Brillenhaus Wilke in Winterhude

14

An diesem Ort ist alles unter einem Dach: von der Scherenbrille wie sie Goethe trug über die Original Elvis-Presley-Brille aus den Siebzigern bis hin zu Sehhilfen des 21. Jahrhunderts. Auf Wunsch wird sogar aus einem nostalgischen Einzelstück mit modernen Gläsern das eigene Brillen-Traumstück gezaubert.

Wer weiß schon wie der Name »Brille« zustande kam? Im Brillenhaus Wilke lernt man, dass im Mittelalter geschliffene Halbedelsteine als Lupen zur Vergrößerung eingesetzt wurden. Diese geschliffenen Lesesteine hießen im Mittelhochdeutschen »Berylle« (lat. beryllus) klare Kristalle. Aus Beryll wurde später »Brill« bzw. Brille, wenn es zwei Gläser waren.

Bereits Archimedes (um 287–212 v. Chr.) untersuchte das Verhalten des Lichts bei der Brechung. So soll er bei der Arbeit an seinem Kopf einen Kristall befestigt haben, der vergrößernd wirkte. Auch die vergrößernde Kraft von Wasser, um Dinge schärfer zu sehen, wurde früh erkannt. Seneca schrieb im 1. Jh. n. Chr.: »Kleine und undeutliche Buchstaben erscheinen schärfer und größer, wenn man sie durch eine mit Wasser gefüllte Kugel betrachtet.« Plinius (23–79 n. Chr.) erwähnte in seinem berühmten Werk *Naturalis historia*, dass Nero einem Gladiatorenkampf mit einem Monokel in Form eines grünen Smaragds zuschaute.

Wer diese und viele andere ungewöhnliche »Brillengeschichten« einmal selbst hören möchte, fragt am besten Karl Heinz Wilke, den Erfinder einer Verbindung von Optikfachgeschäft und Museum. Er besitzt sowohl Sehhilfen aus Pappmaschee als auch Mandarinbrillen aus Schildplatt der verschiedenen Dynastien Chinas (hier links abgebildet). Das Bambusetui ist mit Fischhaut überzogen. Seine Sammelleidenschaft führte zur der Gründung des Brillenmuseums im Jahr 2000 mit über 500 Exponaten aller Epochen und Länder. Die größten, kleinsten, sonderbarsten, individuellsten oder ältesten Brillen der Welt können hier gefunden und gekauft werden. Einmalig in Hamburg!

Brillenhaus und Brillenmuseum Wilke · Mo–Fr 10–13, 14–18:30 Uhr, Sa 10–13 Uhr,
Besuch des Brillenmuseums nach Absprache · Jarrestraße 37 · 22303 Hamburg
Tel. 040/2 70 82 91 · www.brillenhaus-wilke.de,
Bus 173 oder 172 Jarrestraße · U 3 Saarlandstraße

15 Der Wasserspielplatz im Hamburger Stadtpark

Der Stadtpark wird bald 100 Jahre alt. Fast so lange gibt es dort den gigantischen Wasserspielplatz mit einzigartigen Klettergeräten. Einige entsprechen allerdings nicht mehr den heutigen Sicherheitsstandards und werden ausgetauscht, damit zum Jubiläum 2014 alles in neuem Glanz erstrahlt.

Am schönsten ist es in Hamburg am Wasser. Auch im Stadtpark spielt das flüssige Element eine große Rolle. Der Stadtplaner Fritz Schumacher hatte das in seiner 148 Hektar umfassenden Anlage immer im Auge.

So können heute die Großen von der Plattform mitten im Naturbad springen oder umsonst im Stadtparksee schwimmen. Den gab es von Anfang an, während für die Kleinen erst in den Fünfzigerjahren ein kolossales Planschbecken nördlich der Festwiese angelegt wurde. Umgeben ist der

See von einem zehn Meter breiten Streifen feinsten Sandstrands, auf dem Beachvolleyball gespielt oder an Klettergerüsten geturnt werden kann.

Eine Besonderheit sind neben der modernen Riesenschaukel oder Doppelseilbahn vor allem die historischen Geräte wie die »eiserne Elefantenfamilie« oder das »sinkende Schiff«. Nicht nur Kinder freuen sich hier – häufig denken auch ältere Semester mit Wehmut an ihre eigene Kindheit.

Wer nicht mehr toben will und gern an frühere Zeiten erinnert wird, geht in das neu eröffnete »Sierichsche Forsthaus«, das um 1900 zum Jagdrevier des Großgrundbesitzers Adolf Sierich gehörte. Der historische Rundgang oder das Erzählcafé ist ein beliebtes Angebot, bei dem nostalgische Gefühle durch Geschichten über den Stadtpark erweckt werden.

▶ Für ganz andere Abwechslung sorgt im Foyer des Planetariums ein »ViewSpace« –Raum mit restauriertem astronomischen Deckengemälde. Zehn 50-Zoll–Full-HD-Plasmabildschirme sind online mit dem Space Telescope Science Institute der NASA in Baltimore verbunden und zeigen tagesaktuelle Bilder des Weltraumteleskops Hubble.

Stadtparkspielplatz mit Café und Pommes-Bude · Jahnring / Saarlandstraße 1 · 22303 Hamburg
Das Sierichsche Forsthaus im Stadtpark · Hindenburgstraße 1 · 22303 Hamburg
U 3 Saarlandstraße oder Borgweg

16 Der Flughafenlandeplatz-Beobachtungsposten

Reiselust verspüren, aber nicht fort können. Wer sein Fernweh stillen möchte, begibt sich am besten zur Aussichtsplattform von »Coffee to Fly«. Der Kerosingeruch, das Dröhnen in der Luft, die neuesten Flugzeugmodelle und sehnsüchtig den Abfliegenden nachwinken – hier gibt es das volle Programm.

Start- und Landegeräusche, Krach und Gestank sind hier unvermeidbar. Wen der Lärm der circa 300 Meter entfernt abhebenden Maschinen nicht stört, sollte flugs hierher kommen. Die Sicht auf abhebende und landende Flugzeuge beim »Coffee to Fly«, einer Aussichtsplattform direkt an der »Fotografenbrücke« am Hamburger Flughafen, ist sensationell. Der Airbus der Alitalia oder der Lufthansa-Jumbojet, wer hebt besser ab? Wer dreht die bessere Runde? Die Triebwerke oder Seiten- und Höhenruder und die

kleinen schwarz-gelben Leitfahrzeuge sind nur mit dem dicken Feldstecher zu erkennen, also diesen nicht vergessen mitzubringen.

Während der Blick immer wieder in die Ferne schweift, können heiße Brezeln und Kuchen genossen werden. Der Kaffee kommt aus einer Hamburger Privatrösterei, sehr zu empfehlen ist der »heiße Muck«, eine Mischung aus Kaffee, Kakao, Eis und Sahne.

Kleiner Geheimtipp: Unterhalb des Hauptaussichtspunkts gibt es auf einer weiteren Terrasse den kaum genutzten Beachclub mit Blick auf den Runway. Wenn es dunkel wird, ist dieser Platz faszinierend, weil die Befeuerung besser zur Geltung kommt und die Illuminationseffekte unwirklich scheinen.

Dieser Ort macht es möglich, 365 Tage im Jahr ein bisschen Freiheit zu verspüren. Weiterhin stehen ab diesem Jahr drei Partys neu auf dem Programm: die große Saison-Eröffnungsfeier, die Mid-Sommer–Party und das Saison-Finale. Aber auch für private Feiern steht das »Coffee to Fly« selbstverständlich zur Verfügung.

Coffee to Fly · Mo–So 9–23 Uhr · Holtkoppel 100 · 22415 Hamburg
Tel. 0176/23 48 70 17, www.coffee-to-fly.de

17 Das Franzbrötchen – nur in Hamburg

Kaum ein Produkt entzieht sich so sehr der Globalisierung wie ein einfaches Gebäckstück aus Hamburg: Das Plunderstückchen, gefaltet in unverwechselbarer Schmetterlingsform mit angeblich aphrodisierendem Zimtgeschmack, birgt ein Geheimnis.

Mit letzter Sicherheit weiß bis heute niemand, wer als Erfinder des Franzbrötchens gelten kann. Jahrelang recherchierte der Publizist Manfred Beseler, Herausgeber des Taschenbuchs *Das Franzbrötchen* im gleichnamigen Hamburger Verlag, die Herkunft des braungelben Plunders.

Viele Spuren der Gebäckforschung erwiesen sich als Irrweg. Die Einführung eines »Franz(osen)brots« im Zuge der Besetzung Hamburgs durch Napoleon Bonaparte in den Jahren 1806 bis 1813 kann inzwischen als widerlegt gelten. Ebenso wie die Anekdote über einen fülligen Bäckergesellen in Hamburg-Harburg, der sich nach durchzechter Nacht morgens auf den vorbereiteten Teig gesetzt und so dem Brötchen seine spätere Form gegeben haben soll. Die Gebäckexpertin Annette Hillringhaus aus dem Museum für Brotkultur in Ulm reiste schließlich 2010 eigens zum 1. Internationalen Franzbrötchen-Kongress in das Hamburger Kulturwerk West und präsentierte neue Archiv-Funde. Einem vergilbten Werbeplakat zufolge habe tatsächlich ein Franz'scher Bäcker, Johann Heinrich Thielemann (1848–1901), möglicherweise beeinflusst durch die nordische Tradition des »Kopenhagener« und skandinavischen Plunderstückchen im einstmals dänischen Altona, das eigentümliche Gebäckstück schon früher als bekannt feilgeboten. Damit wurden auch die Aussagen von noch lebenden Nachkommen Thielemanns bestätigt, die Buchautor Beseler zuvor aufgespürt hatte. Die Franz'sche Bäckerei an der Großen Bergstrasse 9 am Eingang zum Vergnügungsviertel Reeperbahn musste einem Modekaufhaus und dann einer Klinik weichen. Bei der Verkostung der eingesandten Proben aus 21 Bäckereibetrieben zum 1. Franzbrötchen-Kongress siegte letztendlich das kleine Café Luise.

Café Luise · Kleine Bäckerei e. K. · Mo–So 9–18 Uhr · Erdkampsweg 12 · 22335 Hamburg
Tel. 040/52 98 57 17 · www.franzbroetchen-verlag.de
U 1 Klein Borstel

Studio & Galerie shrineart

18

An Kunst denkt kaum jemand bei der City Nord. Verschachtelte Bürokomplexe formen eine kühle Welt aus Beton und Glas. Doch es gibt hier einen überaus kreativen Ort. In der Galerie shrineart kreiert der Künstler J. J. Greiner Möbelskulpturen. Auch Gemälde werden ausgestellt.

Einen Thron zu besteigen ist etwas anderes als sich auf einen Stuhl zu setzen. So unterscheiden sich die ausgestellten Stücke von dem, was man gemeinhin mit Möbeln verbindet. Darunter eine wahrlich majestätische Sitzgelegenheit. »Bei einer Möbelskulptur geht es darum, den Gebrauch bewusster zu machen«, erklärt der Künstler. Seine Sammlerleidenschaft brachte ihn auf die Idee. Teile, die er in seiner Umgebung findet, fügen sich zu Möbelskulpturen. Sie heißen dann zum Beispiel Schlittenhocker, Sockelmumie oder Hochzeitsschrein. Jedes der Werke ist ein Unikat und lässt sich auf besondere Weise verwenden. Das Wissen um den Möbelbau vereint sich mit dem Kunstbegriff, auch der Umweltgedanke fließt mit ein.

Mit dem »Upcycling« begann J. J. Greiner bereits 1996, lange bevor es ein Trend wurde. Seitdem sammelt er viele Dinge. Ihr verborgener Wert erschließt sich anderen oft erst, wenn sie in seinem Atelier in neuer Formgebung erwachen: Besteck, Türgriffe, Massivholz, Maschinenteile, Wasserwaagenrohlinge, Glas und Muscheln zum Beispiel. Der gelernte Bau- und Möbelschreiner studierte Kunst in Hamburg. Er liebt es, mit altem Werkzeug zu arbeiten: »Manches ist schon eine Antiquität.« So verströmt das Atelier mit seinen drei Ausstellungsräumen einen Charme, der ein wenig an ein Museum erinnert – eine kreative Insel im Bürograu des Überseerings.

▶ **Man sollte eine der wechselnden Ausstellungen in der Galerie shrineart besuchen. Dabei treten die Möbelskulpturen von J. J. Greiner in einen spannenden Dialog mit den Bildern verschiedener Künstler. Dauerhaft zu sehen sind Werke von Iris Greiner, unter anderem Städtebilder von Paris, London, New York bis Dubai.**

Studio & Galerie shrineart. Mo–Fr 12–18 Uhr, Überseering 23–25, 22297 Hamburg City Nord, Tel. 040/89 49 77, www.shrineart.de
Bus bis Haltestelle Kapstadtring, S-Bahn Rübenkamp, U-Bahn Sengelmannstraße

19 Die Haltestelle zur Wurst

Auch wenn's nicht auf der Karte steht: Morgens um acht gibt's auf Wunsch auch mal Spiegelei, Kartoffelsalat – nie auf Papptellern – und Herzlichkeit jeden Tag umsonst. Viele kommen einfach auf einen Kaffee oder wegen der Frikadellen und der extrem guten Currywurst-Saucen-Mischung herein.

Das Ehepaar Margret und Mathias Wolter liebäugelte mit einem seit Jahren leer stehenden Kiosk zwischen dem Niendorf Markt und Hagenbecks Tierpark und eröffnete 2006 den Imbiss in Niendorf. Hier fehlte einfach eine Wurstbude. Rot-weiß ist die Fassade, der Klassiker »Pommes Schranke« in Farben verewigt. Obwohl das FC St. Pauli-Trainingsgelände direkt hinter der Pommesbude liegt, brennen beide für den HSV. Schon frühmorgens stehen die ersten Autos an der Haltestelle. Doch die meisten Kunden kommen erst am späten Vormittag und stärken sich mit einer Currywurst und der leckersten Sauce der Stadt. Teuerstes Gericht ist mit 3,50 Euro das Schaschlik-Filet.

Es kommt auch vor, dass Otto Waalkes, Uwe Seeler oder Oliver »Dittsche« Dittrich auf einen Kaffee vorbeischauen. Die Kontakte entstanden in der Betriebssportanlange der Vereinsbank Niendorf. Dort führten sie das Clubhaus mit sechs Tennisplätzen und einem Sportplatz. Herr Wolter war jahrelang auch HSV-Tennistrainer. Die Anlage wurde 2004 geschlossen.

▶ Nachdem gerade noch die Frikadelle an der schönen lauten Kollaustraße geschmeckt hat, findet man Ruhe auf dem sehenswerten Alten Niendorfer Friedhof von 1840 mit Grüften und einem Mausoleum. Kollaustraße 241, 22453 Hamburg

Schön laut ist es hier, wenn die Ampel auf Grün umschaltet und Massen von Autos vorbeibrausen. Trotzdem: Dies ist keine gewöhnliche Pommesbude. Wer nur auf eine Wurstlänge bleibt, ist selbst schuld. Denn die offenen Ohren für die Sorgen der Gäste sind unbezahlbar, hier geht es eben nicht nur um die Wurst. Und das ist auch gut so.

Haltestelle zur Wurst · Mo–Fr 8–18 Uhr · Kollaustraße 137 (beim St. Pauli-Trainingsgelände)
22453 Hamburg · Tel. 0151/15 37 42 53
Bus 391 Niendorfer Straße

HALTESTELLE
zur Wurst
Coca-Cola

Die Igel-Krankenstation in Stellingen

20

Im Igel-Krankenhaus haben die possierlichen Tiere Besuchszeiten. Um die 100 werden vierteljährlich eingeliefert und ambulant oder stationär behandelt. Finder holen ihre geheilten Igel wieder ab. Ein Ausflug zur Igelstation zeigt eindrücklich, warum es wichtig ist, den Tieren zurück ins Leben zu helfen.

Sie sehen weder scharf noch weit, sind farbenblind, schnüffeln, schnaufen, schmatzen und sind die ältesten noch existierenden Säugetierformen. Unser europäischer Igel, *Erinaceus europaeus*, ist ein nützlicher Stachelträger im Garten. Er kann in einer Nacht 30 Raupen aus dem Frühbeet im Kleingarten vertilgen. Dennoch verteilen manche Menschen Gift in ihren Gärten, um ihre Pflanzen vor Schädlingsbefall zu schützen. Der Insektenfresser lebt aber von diesen Schädlingen wie Würmern, Käfern und Schnecken. Wir nehmen ihm so seinen Lebensraum und vergiften ihn gleich mit.

Bei starken Schmerzen schreien Igel. Dieser Laut erinnert an das durchdringende Kreischen einer Eisensäge. Hustet der Igel, hat er sich Lungenwurmlarven zugezogen, und wenn das eigentlich nachtaktive Tier am Tag herumläuft, geht es ihm schlecht.

Den in Not geratenen Stacheltieren hilft die ehrenamtliche Igelstation nahe dem Stellinger Bahnhof. Das Reich der Igel und ihrer Pfleger beginnt hinter einem Schrebergarten in Parzelle 13. Im gesamten Jahr 2012 wurden mehr als 350 Igel aufgenommen. Im Winter schlafen hier bis zu 25 Verletzte in einer Laube, ferner stehen im Garten an die elf Freigehege mit Schlaf- und Futterhaus, und in einem weiteren Winterschlafhaus sind 36 Igel untergebracht. Ein vom Rasenmäher angefahrener Igel mit starken Blessuren wird auch schon mal abends mit nach Hause genommen und vor dem Fernseher am Unterbauch gekrault. Man kann auch Igel-Pate werden: Der Eimsbütteler Bezirksamtsleiter Torsten Sevecke ist 2012 Pate von Igelweibchen Hammi geworden, die nun in seinem Kleingarten lebt.

Ein Besuch im Quartier ist für jedermann ab April möglich.

Komitee für Igelschutz e.V. Hamburg · Sigrun und Heiko Goroncy · Flaßheide 42 · 22525 Hamburg
Igel-Nottelefon: 040/5 40 48 07, www.igelkomitee-hamburg.de

21 Das ehemalige Landgut im Alstertal

In der Natur sich erholen, Kultur erleben oder Wohnarchitektur mehrerer Jahrhunderte bewundern: Das Landgut verschafft ein Gefühl des Durchatmens. Die Vollendung des Glücks ist der malerische Wanderweg dorthin, am Ufer der Alster entlang.

Am Oberlauf der Alster liegt unter mächtigen Eichen und Buchen das einstige Gut Wellingsbüttel mit barockem Herrenhaus und Torhaus der Freiherren von Kurtzrock. Wellingsbüttel gelangte mit dem westfälischen Frieden 1648 unter schwedische Herrschaft. Königin Christina erklärte 1651 das Adelsgut zum freien Besitz, das keine Steuern mehr zahlen musste. Der Familie von Kurtzrock, seit 1673 die Grundbesitzer, kam der Sonderstatus sehr gelegen. 133 Jahre besaßen sie das souveräne Landgut, bis sich Clemens August von Kurtzrock 1806 hartnäckig der Landesregie-

rung widersetzte. Das Gut wurde besetzt und noch im selben Jahr musste von Kurtzrockes an König Friedrich VI. von Dänemark verkaufen. Noch heute ist der vornehme Glanz an diesem Ort zu spüren, weshalb er häufig als Kulisse für Hochzeiten dient. Das Standesamt hat hier eine Außenstelle und man kann sich auf dem ehemaligen Heuboden des Torhauses trauen lassen.

▶ In Ohlsdorf ein Kanu mieten und den gesamten Alsterlauf hinauf bis zum Rodenbecker Quellental paddeln.

Im Herrenhaus ist nach einer Komplett-Renovierung eine Senioren-Residenz mit Café entstanden. Im Torhaus befindet sich das Alstertal-Museum mit sehenswerten Ausstellungen über die Oberalster-Lastschifffahrt von 1448 bis 1910, die elektrische Kleinbahn Rahlstedt–Wohldorf, Heimatkundliches über die nördlichen Stadtteile und die prähistorische Epoche des Alsterraums. Im gegenüberliegenden Trakt dann noch mehr Kultur: wechselnde Ausstellungen lokaler Maler, Konzerte, Lesungen – fast 60 Termine im Jahr!

Torhaus Wellingsbüttel / Alsterverein e. V. · Sa und So 11–13 und 15–17 Uhr
Wellingsbüttler Weg 75a · 22391 Hamburg · Tel. 040/5 36 66 79 · www.alstertal-museum.de
S-Bahn S 1, S 11 (Kornweg, Hoheneichen, Wellingsbüttel, Poppenbüttel),

22 Der Garten von Alma de L'Aigle

Es gibt Orte, an denen man Kraft aus altem Zauber schöpft, sich von der ersten Minute an zu Hause fühlt. Ein solcher Genius Loci liegt im Garten de L'Aigle. Zumindest für diejenigen, die es lieben, auf verwilderter Fläche seltene Rosenstöcke aufzuspüren.

Versteckt mitten in Eppendorf liegt der Rosen- und Apfelbaumgarten der naturbegeisterten Lehrerin und Schriftstellerin Alma de l'Aigle (1889 bis 1959). Schon ihr Vater hatte die Fläche zur Pflanzung von verschiedenen Apfelarten, Weinreben, Gemüse und seltenen Rosen genutzt und versucht, die Familie damit weitestgehend autark zu ernähren.

Ihr besonderes Augenmerk galt der Züchtung alter Rosensorten. Eines ihrer bekanntesten Bücher *Begegnung mit Rosen* ist so hingebungsvoll geschrieben, dass die Blumen während des Lesens zu duften scheinen. Alma de l'Aigle schreibt aber nicht nur über Rosen – sie ist gleichzeitig auch eine wache Gesellschaftskritikerin. So findet ihre Bemängelung des gefühlsarmen modernen Mensch auch im Porträt einer neuen Rosensorte Platz, bei der es zu Beginn des 20. Jahrhunderts nur noch auf Größe und Masse ankam: »Ich weiß noch, wie die blendend schöne, großblütige ›Frau Karl Druschki‹ in unserem Garten auftauchte. Selbstbewusst stand sie auf ihren kräftigen Stengeln. Wenn man ihr aber näher kam und in Zärtlichkeit ihr das Gesicht zuneigte, dann blieb sie kalt wie eine pompöse Frau, vollbusig, im gut sitzenden Korsett, mit Brillanten geschmückt, in üppiger Schleppe. Ach, sie hatte keine Seele! Kein Hauch von Duft entströmte ihr.«

Alma de l'Aigle war Reformpädagogin und lebte die Pädagogik, die sie weitergab: »Ja, Gärten und Kinder sind es, um die es sich lohnt zu leben.« Sie schrieb in Opposition zu Hitlers Vorstellungen Bücher über Erziehung und unterstützte mit Freunden wie Theodor Haubach und Carl von Ossietzky den Widerstand. Nach ihrem Tod wurde das Grundstück teilweise bebaut. Nur ein Drittel des ursprünglich 8000 Quadratmeter großen Areals konnte 1988 eine Initiative als Naturdenkmal erhalten.

Garten Alma de L'Aigle (Stiftung Anscharhöhe) · Tarpenbekstraße 107 · 20251 Hamburg
www.denkmalstiftung.de · U 1 Lattenkamp, Bus 22 Tarpenbekstraße

Die Galerie Levy

23

Ein leuchtendes Beispiel für internationale Sammlungen ist die Galerie Levy. Lange schon garantiert sie mit fünf ausgewählten Ausstellungen im Jahr ästhetische Höhenflüge. Surrealismus und Pop-Art sind die Schwerpunkte. Hier wird den Bilder-Genies in perfekten Räumen ein Zuhause geboten.

Alles begann mit der Pelztasse von Meret Oppenheim – der wichtigsten Künstlerin in Thomas Levys Leben. Er hat sie noch persönlich gekannt und stand in langer freundschaftlicher Beziehung zu ihr. Heute betreut er ihren Nachlass. Eigentlich wollte der Bankierssohn Filmregisseur werden, bevor er 1970 als 23-Jähriger seine erste Galerie in Hamburg eröffnete. Weitere folgten in Paris, Madrid und Berlin.

Mit entspannter Leidenschaft stellt er Kunst mit internationalem Renommee aus und ist die Topadresse für bedeutende Künstler wie Daniel Spoerri, die Pop-Art-Vertreter Allen Jones, C.O. Paeffgen und Mel Ramos. Auch Dadaismus, Surrealismus und Expressionismus gehören zu seinen Vorlieben. Seit 2004 wird exotischen und bekannten Künstlerkreisen oder der neuen spanischen Pop-Art-Star von Antonio de Felipe im loftartigen Ambiente am Rande Eppendorfs Raum für Darstellung und Entfaltung geboten. Ein verwunschener Skulpturengarten tut sein Übriges. Seit mehr als zwei Jahren leitet sein Sohn eine Dependance in Berlin, die sich jüngeren Generationen widmet.

Zahlreiche Arbeiten befinden sich im Besitz des gebürtigen Hamburgers: von Chagall über Lyonel Feininger bis hin zu Man Ray und natürlich von Oppenheim. Eine gute Voraussetzung, um auch Museumsausstellungen weltweit zu organisieren. Bekannt war die Show über Marilyn Monroe »Legende, Mythos und Ikone« im Kunsthaus Hamburg in 2006, die ebenfalls in Madrid, USA und Japan zu sehen war. Sein aktuelles Projekt ist die bevorstehende große Meret-Oppenheim-Retrospektive in Berlin 2013 – sie wäre dann 100 Jahre alt geworden.

Galerie Levy · Di–Fr 10–18 Uhr und nach Vereinbarung · Osterfeldstraße 6 · 22529 Hamburg
Tel. 040/45 91 88 · www.levy-galerie.de
Metrobus 22 Frickestraße

24 Die Kaffeerösterei Burg mit Privatmuseum

Eine der letzten privaten Röstereien betreibt Jens Burg, ein Traditionalist. Bereits sein Vater, Großvater und Urgroßvater waren mit Leib und Seele der aromalosen Rohbohne verfallen. Seit Zimt- und Vanillegeschmack jüngere Generationen in Coffee-Shops locken, boomt das schwarze Getränk.

Geht man den Eppendorfer Weg entlang, wird man hin und wieder an der Nase herumgeführt. Mit der Nase voran also zu einem Ort, der wohlriechende Atmosphäre verspricht: zur Kaffeerösterei Burg. Die dazugehörige Museumsrösterei im Hinterhof der Münsterstraße ist noch aufregender. Morgens um sieben Uhr läuft hier alles nach Plan. Kaffeebohnen, sowohl reine Arabica mit klangvollen Namen wie »Jamaica Blue Mountain« oder »Hawaii Kona« als auch Robusta-Sorten, werden geröstet – und der Duft macht Appetit darauf, mehr zu erfahren.

Kernstück des Museums ist ein Trommelröster aus den 1920er-Jahren. Im Schnitt werden 130 Kilogramm Rohkaffee am Tag geröstet. Das Leben einer Kaffeebohne mit ihren Gattungen, Röst- und Zubereitungsvarianten ist vielschichtig. Der Kaffee wird hier bei 200 °C 20 Minuten geröstet – Großröstereien benötigen dafür nur drei Minuten bei 600 °C. Dieser Unterschied ist zu schmecken.

Vor zehn Jahren entstand das Museum mit historischen Kaffeedosen, Mühlen, Schütten, Werbetafeln und Kaffeepflanzen. Im Zuge der Trendwende zum Industriekaffee in deutschen Haushalten wurde vieles aus den Sechziger-, Siebziger- und Achtzigerjahren ausrangiert. Davon profitierte Burg und sortierte alles liebevoll nach Sinn und Zweck. Dann kaufte Vietnam, weltweit größter Produzent von Robusta-Kaffee, 2010 rund 11 000 Exponate auf, die dort die Region Europa repräsentieren. Im Ladengeschäft kann zwischen 20 reinen Kaffeesorten, mehr als 60 Aromakaffees, elf Espressoarten und an die 100 verschiedenen Tees ausgewählt werden. Es ist die Mischung, die Qualität macht.

Kaffeerösterei Burg und Museum · Mo–Fr. 10–15 Uhr, Sa auf Voranmeldung
Münsterstraße 23–25 (Hinterhof) · 22529 Hamburg · Tel. 040/55 20 42 58
www.kaffeemuseum-burg.de · Bus 22 Offakamp / Bus 5 Brunsberg

JACOBS KAFFEE
JACOBS

Indien Monsoon
Columbia Maragogype
Columbia Kaffee
Die Tante hatte
stets in Ehren

KIGI

Der Innocentiapark und das Toilettenhäuschen

25

Der Innocentiapark in Harvestehude war die erste Grünanlage Hamburgs und ist ein Relikt klösterlicher Vergangenheit. Ein aus der Gründerzeit stammendes Toilettenhäuschen verfiel im Laufe der Jahre, bis der berühmte Hadi Teherani sich 2009 seiner annahm, um ein »Klassenzimmer in der Natur« zu schaffen.

Der drei Hektar große Innocentiapark liegt in Harvesterhude, nicht weit entfernt von den Grindelhochhäusern.

Die nach Papst Innozenz IV. benannte Grünanlage befand sich im 13. Jahrhundert auf dem ehemaligen Gelände des Klosters Herwardeshude. Als der Grundbesitz des Klosters Ende des 19. Jahrhunderts neu besiedelt wurde, entstand der Innocentiapark. Dem damaligen Zeitgeschmack entsprechend angelegt, weist er die »Londoner Square«-Form auf, die sich an regelmäßig geplanten Straßenzügen orientiert. Die bucklige Rasenfläche sollte Weite erzeugen, und die Hügel dienten als Aussichtsplateau auf die prachtvollen Stadthäuser.

Ein über 100 Jahre altes wilhelminisches Fachwerkgebäude von 30 Quadratmetern diente ehemals den Flaneuren als Toilette, wurde aber geschlossen und verrottete seitdem. Einer Initiative und dem Stararchitekten Hadi Teherani ist seit 2009 die Verwandlung des Häuschens in ein »Grünes Klassenzimmer« zu verdanken.

Teheranis Motivation, sich unentgeltlich für dieses ungewöhnliche Projekt zu engagieren, war eine eher sentimentale: Naturunterricht im Freien – das sei wie Englisch in England lernen und erinnere ihn an Erich Kästners fliegendes Klassenzimmer. Bis Ende 2012 konnten dort Schüler der Katholischen Schule an der Hochallee naturwissenschaftliche Fächer lernen. Durch stiefmütterliche Nutzung ist es gegenwärtig allerdings mit Brettern vernagelt. Bleibt abzuwarten, welche Funktion dem viel versprechenden Häuschen bevorsteht. Das Bezirksamt im Grindelhochhaus hat einen Antrag für ein Kinderatelier oder eine Elterndiele auf dem Tisch.

Innocentiapark mit großem Spielplatz · Oberstraße 30 · 20144 Hamburg
U 3 Hoheluftbrücke oder U 1 Hallerstraße / Klosterstern

26 Kübis Bootshaus

»... Die Schleusen knirschten / Abenteuer brach aus allen Fernen / Überm Kanal / den junge Ausfahrtwinde wellten / wuchsen helle Bahnen / In deren Licht ich trieb / Schicksal stand wartend in umwehten Sternen / In meinem Herzen lag ein Stürmen wie von aufgerollten Fahnen« (Vorfrühling, *Ernst Stadler).*

Im Wonnemonat zieht es Naturhungrige wieder in die Parks und aufs Wasser. Rund 60 Kilometer lang und von gut 2470 Brücken überspannt ist das Netz der Hamburger Kanäle und Fleete. Um das zu erkunden, empfiehlt sich der Start beim »Kübis Bootshaus«. Anders als bei den Massenvermietern ist bei Küntzels, die Bootswerft vom Hausherrn liegt gleich daneben, alles familiär. Der Eingangsbereich ist wie der Gang ins Wohnzimmer. Ein eigener Bootsmann hilft beim Be- und Entsteigen äußerst neuer, sauberer Boote bzw. Kanus. Auf einer unprätentiösen Terrasse mit alter Bootsreling kann man bei Kaffee und Kuchen kurz verweilen.

Eine schöne Tour beginnt am »Goldbekkanal«. Nachdem man links in den »Mühlenkampkanal« eingebogen ist, kann man sich im »Café am Kanal« schon mit einem »Coffee to Swim« stärken. Danach biegt man rechts in den »Langen Zug« ein und hält sich über die Außenalster weiter rechts, unter der linken der beiden Brücken hindurch, gelangt man »in die Alster«. Die Krugkoppelbrücke, von Fritz Schumacher konstruiert, mit Kandelabern, einer zweischwänzigen Sirene und Keramikverzierungen geschmückt, ist abslout sehenswert! Vorbei geht es nun an der Einmündung des Isebekkanals linker Hand, dann immer geradeaus. Vor der Hudtwalckerbrücke biegt man rechts in den Leinpfadkanal ein. Am Ende des Kanals erreicht man linker Hand den Rondeelteich. Hier hält man sich rechts und verlässt den Teich über den Rondeelkanal. Gleich links geht es unter der Bellevuebrücke hindurch in den Goldbekkanal und vorbei am Mühlenkampkanal (rechter Hand) zu Kübis Bootshaus. Die Strecke dauert ca. zwei Stunden im gemütlichen Tempo.

Damit man sich nicht verpaddelt, gibt es bei Bedarf Übersichtskarten der Fleete und Kanäle.
Kübis Bootshaus Küntzel · Poßmoorweg 46E · 22301 Hamburg
Tel. 040/2 79 67 41 · U 3 Borgweg

KÜBI'S BOOTSHAUS
KIOSK
CAFE
KANU-VERMIETUNG-LAGERUNG

Radisson BLU

Der Ausblick vom Radisson Blue

27

Wer eine Stadtlandschaft mit den Augen erwandern will, sollte die Aussichtspunkte kennen. Das höchste Gebäude ist das Hotel Radisson Blue mit 120 Metern, direkt am Dammtor neben Planten und Bloomen. Hier kann man Hamburg gut und gern aufs Dach steigen, und den passenden Drink zum Weitblick gibt es auch.

Die Expedition ins Reich der Lüfte beginnt gleich am Dammtor. Das seit 2010 denkmalgeschützte 4-Sterne-Hotelhochhaus »Radisson Blue«, ehemals Plaza, entwarfen die Architekten Schramm und Pempelfort: eine imponierende Monumentalarchitektur aus sieben gegeneinander verschobenen Segmenten mit einer Höhe von 120 Metern, 30 Stockwerken, 556 Zimmern. Komplett renoviert wurde es 2009. 10 000 neue Granitplatten leuchten nun an der Außenfassade. Der skandinavisch gestaltete Innenbereich des schwedischen Architekten Christian Lundwall vermittelt mit moderner Glasfront Weltgewandtheit. In vorfreudiger Erwartung geht es zu den fünf Fahrstühlen in der Lobby. Der tolle Blick erfordert zum Glück nicht den Körpereinsatz eines Gipfelstürmers. Mit Knopfdruck geht es in die 27. Etage (weitere drei sind der Technik vorbehalten) zu der Event-Location »High End«. Überwältigend ist hier der Panoramablick Richtung Süden, Richtung Heimathafen. Viele Besucher auf der Terrasse sind überrascht, wie klein die Welt von hier oben aussieht. Höhenangst kann der eine oder andere am Tag des Offenen Denkmals bekommen. Einmal im Jahr werden dann die Türen zum Balkon geöffnet.

Wer danach einen Aperitif braucht, fährt am besten runter zur »Filini Bar«. Sie befindet sich in der Lobby mit zwei Lounges zum Ausruhen und Original Arne Jacobsen Egg-Chairs, aus denen man nie wieder hochkommt.

2013 feiert das höchste Haus Hamburgs 40. Geburtstag und lässt seinen ältesten Mitarbeiter in Pension gehen. Von Anfang an konnte er den grandiosen Blick 40 Jahre lang gratis genießen – und wird ihn bestimmt in Zukunft vermissen ...

Radisson Blue Hotel · Marseiller Straße 2 · 20355 Hamburg
Tel. 040/3 50 20 · www.radissonblu.com/hotel-hamburg
S-Bahnhof Dammtor, U 1 Stephansplatz

28 Das Dampfboot-Wartezimmer

Unter der Lombardsbrücke verwundert eine Tür mit gusseisernem Gitter und seltenem Schriftzug. Vor fast 150 Jahren warteten hier Menschen auf die ersten Alsterdampfer. Bis es so weit war, wuchsen Boots- und Brückenbauern einige graue Haare.

Wo heute Betonbögen stehen, Autoverkehr und Schnellzüge zwischen beiden Alsterteilen rauschen, stand die hölzerne Lombardsbrücke. Für die Flussdampfer, wie sie seit 1816 auf der Elbe verkehrten, war die Durchfahrt zu schmal und zu niedrig. Im August 1857 traute sich die »Helene« als allererstes Dampfschiff, dafür musste die Besatzung ihren Schornstein niederlegen. Die durch die Holzbrücke ohnehin erhöhte Feuergefahr wurde für den Triumph in Kauf genommen. Eine Dauerlösung, sah man ein, war dies nicht. Während die einen Schiffsmakler resignierten, ließen die anderen ihre Schiffe kleiner bauen. Die »Alina« war ein Schraubendampfer für 50 Personen, nur 13,5 mal 2,5 Meter groß. Sie läutete am 15. Juni 1859 eine neue Ära ein: Die ersten regulären Linienfahrten mit nur einem Dampfer verbanden die Haltestellen Jungfernstieg, Rabenstraße und Auguststraße (schöne Aussicht).

Schon bald vergrößerte sich die Flotte. Seit dem Jahr 1868 konnten die Schiffe unter der neuen steinernen Brücke hindurchfahren. An ihrer Südostseite führt eine Tür in das einzige erhaltene Dampfboot-Wartezimmer aus jener Zeit. Seit dem Zweiten Weltkrieg steht es leer. Es konnten seither keine Schiffe mehr unter der Lombardsbrücke anlegen, weil die Stege bei einem Luftangriff zerstört wurden. Fast schon etwas trotzig blieb nur eine gut sichtbare Anschrift zurück. Sie weist noch immer darauf hin, dass die beiden äußeren Brückenöffnungen ausschließlich als »Durchfahrt für Dampfböte« gedacht sind.

▶ Der Dampfer »St. Georg« ist das älteste Dampfschiff Deutschlands. Im Sommerhalbjahr legt das 1876 erbaute Schiff täglich Stundentakt von 10.45–16.45 Uhr zur Alsterrundfahrt ab, Jungfernstieg Anleger 4, www.alsterdampfer-hamburg.de

Lombardsbrücke · U 1 Dammtor oder der Hauptbahnhof

Dampfboot-Wartezimmer

Das Penck-Wandbild bei der Stabi

29

Wer sich beim Betreten der Hamburger Staats- und Universitätsbibliothek nach links wendet, sieht eine mit bunten Männchen, Figuren und Symbolen bemalte Hausfassade. Das Werk heißt: »Theorie in Hamburg« und stammt von dem Künstler A. R. Penck.

Auf 25 mal 18 Metern fensterloser Hauswand hinterließ Penck im Jahr 1989 seine unverwechselbare Bildsprache. Zu der Zeit war der Dresdener Künstler 50 Jahre alt und bereits durch mehr als 150 Ausstellungen in Westeuropa, Japan und den USA bekannt. Welche Botschaft er auf dem Wohnhaus in der Schlüterstraße Nr. 5 vermitteln wollte, steht auf der Fassade unten links: Theorie in Hamburg. NÄHE FERN gesehen, FERNE nah gesehen, WELT GESCHEHEN, WELT VERSTEHEN. Die Signatur darunter verdeutlicht, dass sein Dresdener Künstlerfreund Helge Leiberg (*1954) an dem Werk beteiligt war. Verblüffend an dem Titel ist »die ungewöhnliche und eher unwissenschaftliche Koppelung von nah und fern«, grübelt die Hamburger Kulturbehörde, »denn Nähe und Ferne sollen hier in umgekehrtem Verhältnis zueinander betrachtet werden«.

Dabei wollte A. R. Penck es eigentlich gar nicht so kompliziert machen. Er heißt mit bürgerlichem Namen Ralf Winkler und prägte den Begriff »Standart«, eine Kunst, die ihre Aussage durch einfache Strukturen vermittelt, sodass sie sich jedem Betrachter erschließt. Inspiriert von den Wissenschaften Mathematik und Kybernetik, schuf er einfache Symbole. Auch das Strichmännchen taucht häufig in seinen Werken auf. Im Wandbild bei der »Stabi« ist es unter anderem oben links in mehrfacher Ausführung zu erkennen. Raum für Interpretationen bleibt dennoch reichlich. So kann man in dem Symbol oben rechts eine Malerpalette sehen, aber auch einen fliegenden Schinken.

▶ **Im Univiertel rund um die Stabi gibt es viele nette Cafés und Restaurants. Sehenswert sind das Mineralogische Museum oder die Gipsabgusssammlung der Universität. Infos unter www.uni-hamburg.de**

Staats- und Universitätsbibliothek · Schlüterstraße 5 · 27499 Hamburg · neben dem Eingangsbereich
S 21 / S 31 bis Bahnhof Dammtor · Bus 102 Richtung Niendorf-Markt · Haltestelle Staatsbibliothek

30 Die Heine-Gedenkplakette

Der Dichter Heinrich Heine lebte, liebte und litt von 1816 bis 1819 bei seinem jüdischen Onkel in Hamburg und bezeichnete diese drei Jahre als »Elysium und Tartarus zu gleicher Zeit«. Sein ewiger Geldmangel endete erst, als er seinen Verleger Julius Campe fand.

Julius Campe hatte eine geniale Spürnase als Verleger. 1826 veröffentlichte er Heinrich Heines *Reisebilder* und verhalf dem jungen Dichter zum Durchbruch. Der Poet aus Düsseldorf schrieb in seiner Hamburger Zeit mit *Schöne Wiege meiner Leiden* die bissigsten, aber auch elegantesten Anmerkungen zur hanseatischen Gesellschaft. Im *Buch der Lieder* verarbeitete er die nicht erwiderte Liebe zu seiner Cousine Amalie in romantischen Gedichten.

Lieblingsort Heines war das Grab des von ihm verehrten Dichters Friedrich Gottlieb Klopstock an der Christianskirche in Altona. Eine große Gedenkplakette für den Hausdichter Heinrich Heine (1797–1856) befindet sich an einem massiven Quader neben dem Fußweg zum Hoffmann und Campe Verlag.

Zunächst wurde die Bronzeplakette (1898 von Caesar Heinemann gestaltet) am damaligen Verlagshaus in der Schauenburgstraße enthüllt. Während des Zweiten Weltkrieges, angeblich von einem Maurer versteckt, zierte sie nach dem Krieg das ehemalige Haus von Heines Schwester in der Esplanade 39. Erst im Jahr 1960 kam das Porträt an seinen jetzigen Standort. Es ist das einzige und älteste Hamburger Denkmal des Dichters, das das Dritte Reich überdauert hat.

▶ Im Gartenhaus des ehemaligen Landsitzes seines Onkels, Elbchaussee 31, befindet sich eine Heine-Gedenkstätte.

Dem bronzenen Heine-Denkmal Hugo Lederers von 1911 im Stadtpark erging es wesentlich schlechter. Nationalsozialisten, denen Heine als jüdischer Dichter und Demokrat verhasst war, rissen es nieder. Eingeschmolzen für die Metallgewinnung diente es der Rüstungsindustrie. Eine Neuinterpretation von Waldemar Otto steht seit 1982 am Rathausmarkt.

Hoffmann und Campe Verlag · Harvesterhuder Weg 42 · 20149 Hamburg
U 1 Kolostersten

Das Aby-Warburg-Haus

31

Aby Warburg bezeichnete sich als »Hamburger im Herzen, Jude von Geburt und Florentiner im Geiste«. Seine Leidenschaft war das Entschlüsseln von Bildern. Er etablierte die Ikonologie als neue Methode und eigenständige Disziplin der Kunstwissenschaft.

Abraham M. Warburg (1866–1929) besaß aus Sicht seiner Familie ein jähzorniges Temperament, war seelisch labil und oft krank. Nichts deutete darauf hin, dass aus ihm neben Sigmund Freud, Friedrich Nietzsche und Max Weber ein Wegbereiter der Geisteswissenschaften im 19. Jahrhundert werden sollte.

Von Anfang an rebellierte Warburg gegen seine Angehörigen, die dank ihrer Geldgeschäfte zu reichen Bankiers aufstiegen. Aby wollte keine Bank erben – anders als seine vier jüngeren Brüder, die später alle Finanzkarriere machten. Stattdessen vermachte er sein Erstgeburtsrecht mit charmanter Chuzpe früh dem jüngeren Max und nahm im Gegenzug den Brüdern das Versprechen ab, ihm jedes Buch seiner Wahl zu bezahlen. Dieser Deal kam sie teuer zu stehen und schenkte der Wissenschaft eine bis heute berühmte Bibliothek (60 000 Bände), erbaut vom Hamburger Architekten Gerhard Langmaack 1926. Sie wurde 1933 vor den Nationalsozialisten nach London gerettet und bildet dort den Grundstock des Warburg Institute.

Den ellipsenförmigen Lesesaal des Gebäudes nutzte Warburg gern für fünfstündige Vorträge. In seinem nie beendeten Atlas *Mnemosyne* (gr. Erinnerung) brachte er Bilder etwa einer antiken Münze, eines Manet-Gemäldes und eines Plakats zusammen. Das Ziel war, jahrtausendealte Traditionslinien in Darstellungen von der Renaissance bis zur Gegenwart sichtbar zu machen, die die moderne europäische Kultur in all ihren Facetten beeinflussen: sozial, politisch, religiös und wissenschaftlich.

Seit Längerem liegt es Hamburg am Herzen, die Bibliothek wieder zurückzuholen, weil sie ein einzigartiges Dokument deutsch-jüdischen Geisteslebens vor 1933 in der Hansestadt ist.

Aby-Warburg-Stiftung. Warburg-Haus, Heilwigstraße 116, 20249 Hamburg
Tel. 040/4 28 38 61 48, www.warburg-haus.de
U 1 und U 3 Kellinghusenstraße

32 Die Skulpturen im Grindelpark

Im Zuge des Projekts »Kunst am Bau« wurden ab 1951 Künstler aus der Hamburger Region angeregt, Kunstwerke im öffentlichen Raum zu gestalten. Dazu gehörte auch die Grünanlage der Hochhausgruppe am Grindel. Die fünf aufgestellten modernen Freiplastiken sollten zu neuem Lebensgefühl verhelfen.

Am 20. November 1951 erging die Anweisung des Senats an die zuständigen Behörden, »bei allen [...] staatlichen Bauvorhaben [...] zwei Prozent der Bausumme für den künstlerischen Schmuck des Baues einzusetzen«. Die gestalterische Aufgabe bestand darin, einen Zusammenhang zwischen Wohnbebauung und Menschen herzustellen. Mit Kunst vor der Haustür wurde versucht, Wohnhöfen, Grünanlagen oder hinter großen Plätzen eine mentale Orientierung zu geben, Fragen aufzuwerfen, Identität zu stiften – oder sie bei einem Spaziergang zu entdecken. Ursprünglich sollten die Aufträge nur Hamburger Künstlern erteilt werden, dieses wurde 1966 modifiziert und seitdem werden auch nicht-ortsansässige Künstler gefördert. Fünf Bronzeskulpturen der Künstler Barbara Haeger, Ursula Querner, Fritz Fleer, Karl August Ohrt und Hans Martin Ruwoldt prägen seit 1956 die Parkanlage der Grindelhochhäuser. Haeger, Querner und Fleer waren Schüler von Edwin Scharff, einem der bedeutendsten Bildhauer des 20. Jahrhunderts und bekannt für die Bronzeplastik »Drei Mann im Boot« am Schwanenwik.

▶ **Beliebtes Ziel in den Grindelhochhäusern ist der Paternoster und die »Cafeteria 66« im Bezirksamt Eimsbüttel.**

Die übernatürlich große nackte Frau lehnt entspannt an einer kleinen Mauer, stützt sich auf Hand und Ellenbogen ab und hat die Knie angewinkelt. Sie befindet sich am Eingang der Grindelhochhäuser zur Hallerstraße. Die »Große Liegende« von Barbara Haeger (1919–2004) drückt sowohl Bewegung als auch Entspannung aus. Dieser Habitus beruht auf weich fließenden Formen der sanft gerundeten Gliedmaßen.

Auf einem Hügel befindet sich eine Bronzeplastik von Ursula Querner (1921–1969): Ein Junge, der einen Stock in der rechten Hand hält, reitet auf einem Esel. In ihren künstlerischen Arbeiten hat sie sich für einen Mittelweg zwischen den damals vorherrschenden Strömungen der Abstraktion und dem Radikalrealismus entschieden.

Dann, eine nackte männliche Figur (1957), übernatürlich groß mit aufgestelltem Fuß, die einen Speer in beiden Händen hält. Die Plastik »Großer Speerträger« von Fritz Fleer (1921–1997) steht auf einer Rasenfläche – ohne erkennbaren Bezug zu seiner Umgebung. Er beschäftigte sich hauptsächlich mit figürlichen Ausdrucksmethoden, menschliche Werke reduzierte er auf wenige Bewegungsmotive.

Geht man etwas weiter, schreitet eine Frau eiligen Schrittes mit Rock und flatterndem Oberteil, den rechten Fuß nach hinten gestreckt. Der sich wendende Kopf wirkt im Verhältnis zum Körper sehr klein. Die ausdrucksstarke Armgestik korrespondiert mit den Ästen der Bäume, und so verschmilzt sie mit ihrer Umgebung zu einer Einheit. Hans Martin Ruwoldts (1891–1969) »Schreitende« ist typisch für seine expressive Körperarchitektur.

In der Nähe eines kleinen Teiches schließlich sind die stilisierten Schwäne von Karl-August Ohrt (1902–1993) aufgestellt. Einer sich krümmend, der andere sich reckend mit überzeichneten Körperformen wirken sie, als seien sie gerade aus dem Wasser gekommen. Sie könnten den Bezug zu den in Hamburg schon symbolischen »Alsterschwänen« herstellen. Sämtliche Figuren drücken eine selbstverständliche Haltung zur Natur aus.

Doch die modernen Kunstwerke stießen nicht nur auf Anklang. Die Hamburger Stadtväter ernteten zu dieser Zeit wenig Dank für ihr Bemühen. Der »Großen Liegenden« malte man einen Büstenhalter, und anonyme Schreiber ließen gegenüber dem »Unkultursenator« ihrer ganzen Wut freie Bahn: »… Hitler hätte mit Ihnen und Ihren Künstlern aufgeräumt«. Andere sprachen von »modernem Quatsch« oder »Vergeudung von Steuergeldern«.

Die Kunstwerke werden mit Steuergeldern finanziert. So können die Hanseaten an vielen Orten moderne Kunst bestaunen. Diese Regelung galt bis 1981 und wurde durch das Programm »Kunst im öffentlichen Raum« mit weniger Restriktionen abgelöst.

Grindelhochhäuser · Grindelallee, Hallerstraße · U 3 Hoheluftchaussee · Metrobus Bezirksamt Eimsbüttel

BÜCHER
BÜCHER

BÜCHER
BÜCHER

Die Bücherstube Stolterfoht

33

Gelehrte stumme Stube im Grünen gefunden: Friedliches Lesen und Stöbern möglich, ausgewähltes Sortiment, frei von Nippes, Geschenkideen und Couchtisch-Büchern zum Sonderpreis. Nach diversen Besuchen bekommt man Anfälle von Lesesucht.

An der Rothenbaumchaussee/Ecke Hallerstraße steht fast unsichtbar im Grünen ein winziger Holzpavillon mit drei langen Glasfronten. Blickt man durch die großen Scheiben, liegen dort Bücher – überwiegend Neuerscheinungen. Beim Betreten knarrt der Boden, ein gemütlicher Raum prall mit Büchern gefüllt.

1948 wurde dieses Kleinod vom Architekten Werner Kallmorgen als Freundschaftsdienst für die damalige Inhaberin Greta Stolterfoht entworfen – liebevoll auch »Stoltergretchen« oder »literarisches Knusperhäuschen« genannt. Damals noch am Anfang seiner Karriere ist Kallmorgen heute für den Kaispeicher A und das SPIEGEL-Hochhaus berühmt. Ursprünglich als Provisorium gedacht, wurde die Bücherbude im Lauf der Zeit zur Institution.

Seit 1997 ist Buchhändler Frank Bartling der Gralshüter. Er führt das Erbe mit Authentizität und ordnet sich keinem Mainstream unter. Nach unten hin ist Leon oder Mankell »die Grenze«. Nach oben hin ist alles offen. Das Sortiment soll interessant sein, und so sind auch ältere Titel weiter vorrätig. Er kennt die Vorlieben und Wünsche seines bibliophilen Publikums und schenkt langjährigen Lesemuffeln wieder Freude am gedruckten Wort. Trotzdem hat das Lesen seine Konjunkturkurven und die Wirtschaftskrise macht sich ebenfalls hier bemerkbar. Zuweilen schwächelt der zierliche, weiß gestrichene Bau und müsste dringend renoviert werden. Der gemütlichen Stimmung mit Gummibärchen und Spendenschweinchen »für eine neue Markise« auf dem Tresen tut dies keinen Abbruch. Und so wird bei Dunkelheit diese Box mit ihrem gelben Licht weiter leuchten wie eine kleine literarische Tankstelle.

Buchladen Stolterfoth · Mo–Fr 10–18.30, Sa 10–13 Uhr
Rothenbaumchaussee 100 · 20149 Hamburg · Tel. 040/4 10 15 80 · U 1 Hallerstraße

34 Die Parfümerie Christel Brandt

Eine Kauffrau, Jahrgang 1924, führt ihr Geschäft seit 64 Jahren, und Urlaub hat sie noch nie richtig gemacht. Dafür ist sie Top-Expertin für Theaterschminke, Hautprobleme und Filmblut. Was der Baumarkt für Handwerker ist, ist Christel Brandt für Maskenbildner.

Seifiger Geruch liegt in der Luft und löst beim Betreten des Geschäfts nostalgische Gefühle aus. Die Inhaberin der skurrilen Fundgrube hat sich gezielt auf Parfüms spezialisiert, deren Entstehung einige Jahrzehnte zurückreicht: Düfte, mit denen sich unsere Großmütter benebelten, wenn es auf den »Swutsch« ging.

Ein zusätzlicher Anziehungspunkt ist die selbst entwickelte Kosmetikserie mit 40 Produkten. Eine Mixtur zum Abschminken für strapazierte Haut aus Sonnenblumenöl und Bienenwachs legte den Grundstein für weitere Erfolge. Schauspielerinnen wie Hildegard Knef haben die Creme gekauft. Die Kosmetika produziert Christel Brandt im Hinterzimmer. Wichtigstes Utensil ist der Homogenisator, oder es wird per Hand angerührt mit Unterstützung einer Freundin, die tatkräftig die Anweisungen ihrer Chefin ausführt.

Schwierigkeiten bereitet ihr, die nach dem Krieg ihr erstes Examen als Apothekerin bestand, ein zähflüssiges Gel aus Amerika, das nur noch in einer Menge von 25 Kilogramm lieferbar ist. Was soll sie mit dem Rest anfangen? Das Gel ist wichtiger Bestandteil ihres Topsellers, dem selbst entwickelten Blut. Das gibt es flüssig, zäh oder pastenartig, venös oder arteriell. Sie zaubert es mit den Lebensmittelfarben aus Erdbeere, Himbeere oder Tomate und ein bisschen Schokolade plus einer Portion Olivenöl – der Rest bleibt ihr Geheimnis. Immerhin: Jeden Monat gehen noch 30 bis 40 Liter an Theater und Film. Ihr rotes Haar allerdings tönt Christel Brandt nebenan beim Friseur. Sie hat keinen Nachfolger, kann von ihrer Rente allein nicht leben und denkt an nichts anderes als weitermachen: Das Geschäft ist ihr Leben.

Parfümerie Christel Brandt · Mo–Fr 9–18.30 Uhr, Sa 9–16 Uhr · Grindelallee 178 · 20144 Hamburg
Tel. 040/45 36 32 · www.christel-brandt.de
U 3 Hoheluftchaussee

35

Der Kleingartenverein Hohe Weide 327

Ein Biotop für sich mitten in der Stadt: ein 200 Quadratmeter großer Schrebergarten. Ein Comeback des Ländlichen gibt es schon lange. Doch einzigartig ist, die Lebensräume Natur und Urbanität so unmittelbar beisammen zu finden. Wer sich hier ein Stück Land ergattert, hat enormes Glück.

Derjenige, der nur eine Station mit der U 2 von der Hohen Luft in Richtung Schlump fährt und dabei rechter Hand aus dem Fenster schaut, erlebt eine Überraschung. Plötzlich tauchen lauter kleine grüne Parzellen mit Häuschen auf, es fehlt nur noch die Streuobstwiese in diesem grünen Areal. Und schon ist Ende – gewohnte urbane Struktur mit Stadthäuserreihen hat die Idylle wieder eingeholt.

Der Kleingartenverein 327 »Hohe Weide« ist 766,50 Meter lang und der einzige seiner Art, der so zentral liegt. Er ist Teil des Landesbunds der Gartenfreunde, dem wiederum in Hamburg rund 1384 Hektar gehören und der in 312 Kleingartenvereinen organisiert ist, welche neun Bezirksgruppen bilden.

Vor über 150 Jahren entstanden die ersten Schrebergärten, die den Ärmsten von den Gemeinden für den Gemüseanbau gestiftet wurden. Das kleine Stück Land war auch nach dem Krieg für viele existenziell. Es bestand eine große Wohnungsnot aufgrund der ausgebombten Häuser, und ganze Großfamilien lebten in diesen kleinen Lauben oder Hütten.

Heute heißen sie Naherholungsflächen und sollen Lebens- und Freizeitqualität im »Grünen Netz Hamburg« erhöhen. Die Parzellen sind sehr begehrt und stehen hoch im Kurs – trotz vorbeidonnernder U-Bahnen. Lange Wartelisten sind leider die Norm.

▶ Das »Theater Zeppelin und Hoheluftschiff e.V.« befindet sich direkt am Kaiser-Friedrich-Ufer 27. Poetisch und etwas schräg sind die Aufführungen für Kinder und Jugendliche. Die Theaterschule ist gleich gegenüber und jeden Nachmittag können Kinder mit Künstlern proben und spielen. www.theaterzeppelin.de

KGV 327 · Kaiser Friedrich Ufer · 20352 Hamburg
www.kleingarten-hh.de · Die Kleingartenanlage kann nur mit einem Schlüssel der Besitzer betreten werden. · U 3 Hoheluftchaussee

36 Die Bunkerbilder der Falkenried-Terrassen

Pünktlich zum 30-jährigen Jubiläum erstrahlen die Wandgemälde des Hochbunkers der Falkenried-Terrassen wie neu. Was sagen uns eigentlich diese monumentalen bunten Wandgemälde der Künstler Sönke Nissen-Knaak und Eckart Keller im teuren Viertel von Eppendorf?

Die großen Bilder am Luftschutzbunker entstanden 1982, wurden gerade frisch restauriert und teilweise neu gestaltet. Es gibt ein großes Gemälde im Innenhof der Terrassen und insgesamt fünf thematisch unterteilte Bildstreifen zur Löwenstraße hin. Das gesamte Kunstwerk zeigt im Hintergrund eine Nordsee-Küstenlandschaft. Die der Straßen zugewandte Seite ist die öffentliche. Thematisiert werden die Funktion eines Luftschutzbunkers, das Problem der Atomenergie, der technische Fortschritt, der auch Gefahr bedeutet, das Verhältnis von Mensch und Maschine sowie Umweltschutz. Die Hauptaussage der Künstler aber ist, dass an diesem Ort verschiedene Kulturen miteinander leben und so eine positive Utopie darstellen. Diese wird in einem letzten Bildabschnitt zusammengefasst.

▶ Die preiswerten Falkenried-Terrassen bestehen aus 320 Wohnungen, verteilt auf fünf Terrassengänge, ca. 30–50 Quadratmeter groß und werden selbst verwaltet.

Die zum Wohnbereich gerichtete Seite verewigt in einer Dünenlandschaft viele der damaligen und jetzigen Anwohner. Szenen aus ihrem Leben und die Geschichte der Falkenried-Terrassen stehen im Mittelpunkt.

Zwischen Stockrosen und Apfelbäumen entwarfen und diskutierten die Künstler mithilfe aller Bewohner ein 1:10-Modell im Innenhof der Falkenried-Terassen. Es gab kein Konzept, das Bild wurde gemeinsam mit den Mietern entwickelt. Einer der Abgebildeten erinnert sich an den heißen Sommer 1982, als die ersten Pinselstriche erfolgten: »Kein Regen in Sicht und heiß war's; wir sind da nachts das Gerüst hoch und nackt oben auf dem Bunker rumgerannt.« Er lacht: »Damals, als wir noch jung waren!«

Falkenried-Terrassen · Falkenried 34 · 20251 Hamburg
Tel. 040/4 20 54 21 · www.falkenried-terrassen.de · U 3 Hoheluftchaussee

DHL

Die Tabakfabrik von Eicken und der Geisterspielplatz

37

Die Zeiten, in denen Kutschen über Kopfsteinpflaster rumpelten und Fabrikanten freundlich grüßten, sind vorbei. Erahnen lässt sich diese Stimmung noch beim Besuch der ehemaligen Tabakmanufaktur. Hinter den Backsteinmauern versteckt sich auf Überresten eines Straßenbahndepots ein Geisterspielplatz.

Auf dem Weg zur Tabakfabrik von Eicken, Hoheluftchaussee 95, ist an der Fassade des Hauses 83 ein historisches Reklame-Wandbild für »Seifix« zu sehen: Sieben Zwerge preisen »Dr. Thompsons selbsttätiges Bleichmittel«. Das Werbemotiv ist mehr als 100 Jahre alt.

Älter jedoch ist die Tabakfabrik. Sie wurde zwischen 1902 und 1903 nach Plänen von Gustav Schrader im damals neuen Industriegebiet Hoheluft errichtet. Familie von Eicken betrieb bis 1866 in Mühlheim an der Ruhr einen Kolonialwarenhandel mit der Fabrikation von Pfeifen- und Schnupftabak. Dieser Geschäftszweig wurde kontinuierlich ausgebaut und 1886 nach Hamburg verlegt. Von nun an ist ihr Firmenmotto »Aus Freude am Tabak«. Er soll Genuss und Lebensfreude schenken. So wurde Tabak aller Provenienzen speziell mit Honig aromatisiert. Das fünfgeschossige Hauptgebäude, das einstige »Honighaus« für Lager und Produktion mit Maschinentrakt (heute Restaurant), Kontorhaus und Remise, ist in wilhelminischer Industriearchitektur gehalten. Repräsentativ gestaltet durch Ziergitter, Türmchen, Zinnen und Backsteinlisenen auf weißem Putz. Das wohl markanteste Element wurde erst 1909 angefügt. Der ummantelte Schornstein enthält einen Wasserbehälter und ist mit einer Fluchttreppe versehen. 1983 verlegten die von Eickens ihren Standort nach Lübeck. Ein Jahr später entstanden auf dem Gelände Büros und Lofts.

Ein kleiner Schleichweg führt hinter dem Hauptgebäude zu dem Geisterspielplatz. Gespenstische Masken verzieren die Spielgeräte, Klettermöglichkeiten, Tunnelrutsche – ein wunderschöner Ort auf den alten Schienen der Hamburger Straßenbahn, deren Züge hier gewartet wurden.

Ehemalige Tabakfabrik von Eicken und Geisterspielplatz · Hoheluftchaussee 95 · 20253 Hamburg
U 3 Hoheluftbrücke

38 Der Künstler Otto Fischer-Trachau

Das Südquerhausfenster im Kölner Dom von Gerhard Richter kennt jeder. Bemerkenswerte Werke dieses Genres finden sich aber auch im Hamburger Völkerkundemuseum. Wer weiß noch etwas über die Raumkünstler des 20. Jahrhunderts? Otto Fischer-Trachau (1878–1958) ist einer, den es lohnt wiederzuentdecken.

Als siebtes Kind eines Fabrikarbeiters wurde 1878 bei Dresden Otto Fischer-Trachau geboren. Als 19-jähriger hatte er seinen Maler-Gesellenbrief in der Tasche. Als 24-jähriger erhält er die entscheidende Prägung für seinen Weg als Raumgestalter in der Dresdner Kunstgewerbeschule, später an der dortigen Kunstakademie. Der Hamburgischen Sezession, einer expressionistischen Künstlergruppe, gehörte er von 1919 bis 1933 an. Von Marsmenschenkostümen über Dekoration bis hin zu Plakaten – der vielseitige »OF-Tr.« war ein gefragter Grafiker der legendären Künstlerfeste.

In den Zwanzigern und Dreißigern brachte Müller-Trachau in enger Zusammenarbeit mit Fritz Schumacher Farbe in viele öffentliche Bauten. 1912 kreierte er die Innenraumgestaltung des Völkerkundemuseums: drei Glasfenster über den Eingangstüren, 15 Fenster im Treppenaufgang, ein ornamentales Deckenfenster und zwei Malereien über den Eingängen zu den Ausstellungen im Erdgeschoss. Die figürlichen Supraporten, eine männliche und eine weibliche Figur, deuten bereits eine später zum expressiv-kubischen Stil weitergeführte Formensprache an und könnten auf die Entstehungsmythen aller Welten Bezug nehmen.

Er wurde Professor der Kunstgewerbeschule in Wiesbaden. Der Sohn seiner jüngsten Tochter, Jochen Baake, archiviert heute den Nachlass. Originalwerke Fischer-Trachaus können sogar erworben werden. Eine besonders sympathische Seite an ihm war, dass er trotz seiner hohen Bildung stets auf dem Boden blieb. So äußerte er seinem Enkel gegenüber, man könne malen was man wolle, und wenn's ein Haufen sei, es komme nur darauf an, wie man es male.

Völkerkundemuseum · Di–So 10–18 Uhr · Rothenbaumchaussee 64 · 20148 Hamburg
Tel. 040/4 28 87 90 · U 1 Hallerstraße
Galerie in Barmbek · Jochen Baake · oftr.nachlass@gmail.com

Der Shanghai Yu Garden mit Teehaus

39

Seit 2008 beginnt China gleich hinter dem Völkerkundemuseum. Im Yu Garden verführt das im Mittelpunkt stehende Teehaus zur Zeremonie des Genießens. Doch die dazugehörigen Gebäude liegen seit Längerem im Tiefschlaf. Das wollen Konfuzius-Institut und Uni ändern.

Der Besucher betritt über einzelne fein angelegte Kieselstein-Tierbilder ein kleines Stück Shanghai. Auf einer Brücke über einem Teich führt ein Weg, winklig angelegt wie versetzte Dominosteine, zum Teehaus. Vorbild ist der berühmte architektonisch hoch entwickelte Shanghaier Hu-Xin-Ting-Pavillon. Es geht vorbei an einem Wasserfall, einem steinernen Kranich inmitten künstlicher Felsen zu Gebäuden mit geschwungenen Pagodendächern und Holzschnitzereien: dem Restaurant mit einem Tourismus- und Kulturzentrum. Die Spiegelung im Wasser erzeugt Weite, und die weichen Formen des Gesteins wirken beruhigend. Rund sechs Millionen Euro ließ sich Shanghai diese Idylle kosten. Im Gegenzug überlässt Hamburg das wertvolle Grundstück für 30 Jahre unentgeltlich.

Anknüpfungspunkt ist die seit 1986 bestehende Städtepartnerschaft und die wichtige Handelsbeziehung zu China.

Dennoch ist das 2008 eröffnete Geschenk bis auf das Teehaus vorübergehend geschlossen. Zu wenig Hamburger konnten sich für die original südchinesische Küche begeistern. Auch litt die fernöstliche Bauweise aus chinesischem Kiefernholz unter der rauen Hamburger Witterung. Nun kommt Hilfe von Universität und Konfuzius-Institut: Aus dem ehemaligen Restaurant »Lü Bolang« und dem Tourismus-Zentrum soll ein Ort lebendiger Kultur entstehen. Bis dahin halten das Teehaus »Yu Yuan«, der »Garten des Frohsinns«, ebenso wie der steinerne Kranich, Symbol für Ewigkeit und Harmonie, hier die Stellung.

▶ **Das Teehaus dient künftig auch als Tagungsstätte der Universität und kann von Verbänden, Unternehmen und Privatpersonen für Veranstaltungen gemietet werden. Yugarden@uni-hamburg.de**

Shanghai Yu Garden und Teehaus · Feldbrunnenstraße 67 · 20148 Hamburg · U 1 Hallerstraße

40 Der Logensaal in den Hamburger Kammerspielen

Klassisch und poetisch, verrückt und zahm, provokant und gelehrsam: Der Logensaal tritt mit originellen Veranstaltungen aus dem Schatten der Kammerspiele. Aschenbrödels Triumph nach mehreren Jahren harter Arbeit. Es weht eine frische Brise.

Unter ihrem dunklen Haar brodelte einer der wachsten Köpfe, unter ihrem Busen pochte eines der glühendsten Herzen der Stadt: Ida Ehre, jüdische Schauspielerin, die die Inhaftierung im KZ Fuhlsbüttel überlebte. 1945 gründete sie die Kammerspiele und leitete ihr Privattheater mit Engagement und Esprit bis zu ihrem Tod 1989. Der Logensaal im gleichen Gebäude diente ihr als Werkstatt und Probebühne. Davor befand sich hier der Versammlungsort einer jüdischen Loge, die Intellektuelle des Viertels vereinte, bis die Nationalsozialisten von genau diesem Platz aus Deportationen vorbereiteten.

Gleich am Eingang zum Logensaal in der unteren Etage steht auf einem Granitsockel die Bronzebüste von Ida Ehre: expressiv im Ausdruck und zweigesichtig – die junge auf der Kopfrückseite, die ältere auf der Vorderseite. Der Logensaal, man könnte auch der »Geheimort« sagen, offenbart sich nur denjenigen, die ihn suchen.

Eine Rechtskurve, dann links und schon taucht ein Vorraum mit Bar auf, die Decke mit Davidsternen in geometrischer Anordnung bemalt. Plötzlich wird man des jüdischen Lebens am Grindel Anfang des 20. Jahrhunderts gewahr. Die Sitzungen oder wöchentlichen Hochzeiten mit Festessen und Tanz, die Gespräche und das Lachen – der heutige Besucher kann es sich lebhaft vorstellen. Der große Saal wird unterteilt durch schmale, antikisierende Säulen. Auf einer Bühne besticht ein rotes Saloon-Klavier. An den Wänden hängen asiatische Kunstwerke. Über den Raum verteilt Bistro-Stühle an Marmortischen für bis zu 100 Personen.

Der Logensaal bietet berechtigten Anlass, nicht nur als Kulturstätte ersten Ranges, sondern auch als eigensinniger Ort für sich zu werben.

Logensaal in den Hamburger Kammerspielen · Hartungstraße 9–11 · 20146 Hamburg
Kartenreservierung unter 040/21 05 52 91 (Mailbox) · U 1 Hallerstraße · Schnellbus 34
Völkerkundemuseum · S 11, 31, 21 Dammtor · Weiterfahrt mit den Bussen 4, 5 Grindelhof

Hier vorsichtig ablösen.
Hier vorsichtig ablösen.
Hier vorsichtig ablösen.
Hier vorsichtig ablösen.

Die Schmetterlinge im Philosophenturm

41

Die geniale Erfindung von Markus Diehl war eher eine Findung. Denn die Möglichkeit, 1986 im beginnenden digitalen Zeitalter Kunst mit Aufklebern zu machen, ging überall auf der Welt: globalisierte Abfallprodukte. Diehl, auch »Pop.AC« oder »Art Collart«, sah seine Lebensprämissen erfüllt: Intuition und Reisen.

Im kleinen Altbau-Atelier und gleichzeitig der Wohnhöhle von Markus Diehl stapeln sich Kleberollen zu Hunderten fein säuberlich in Regalen bis unter die Decke. Alles Werbeaufkleber-Abfallprodukte, überflüssig geworden im digitalen Zeitalter. Er macht daraus großformatige Collagen.

Der Ort, an dem er sie platziert, soll öffentlich zugänglich sein wie das Foyer des Philosophenturms der Universität. Hier in seinem Werk *Metamorphose* von 1989 vermitteln 900 Schmetterlingssticker sinnbildlich die geistige Entwicklung junger Hochschüler vor, während und nach ihrem Studium. Längst ist es verblichen. Das gehört eben zu Diehls Philosophie: Alles ist im Wandel.

Seit 1987 klebt er in Formaten bis zu drei mal drei Meter, manchmal mit 2000 und mehr Stickern – und plötzlich entsteht eine Struktur. Es gibt keinen Entwurf, keine Bildvorstellung. Nur der Entwicklungsprozess aus dem Bauch heraus und die endlose Reihung des Motivs führen in einen Zustand von Monotonie oder meditativer Eingebung.

▶ Diehls Internetadresse findet man übrigens vertikal in großer schwarzer Blockschrift vor dem Café Bismarck gegenüber dem »Abaton« im Grindelhof: www.pop.ac

Der Betrachter soll sich seiner selbst bewusst werden hin zu dem Ort des Bildes, weg von einer im Alltag beschränkenden Hektik. Immer wieder mal »back to the roots« zu gelangen, erhofft sich Diehl mit seinen »Missionswerken« auszulösen. Vielleicht reist Diehl deshalb in mönchischer Bescheidenheit mit nur einer Tüte in alle Welt, frei von Besitz seine Botschaften weitergebend: Sein Kunstwerk *99 Hamburgers* hängt in Las Vegas in der Universität von Nevada.

Markus Diehl · Bornstraße 16 · 20146 Hamburg
S 21 / 31 Dammtor

42 Der Kaufmann-Bunker in Pöseldorf

Im schmucken Pöseldorf liegt unter der Erde auf dem Gelände der Hochschule für Musik der ehemalige Befehlsbunker des Gauleiters und Reichsstatthalters Karl Kaufmann. In der »Luxus-Funkstation« verbrachte Hamburgs oberster Nationalsozialist die furchtbaren Bombennächte, während draußen Tausende starben.

Der Gang vier Meter unter die Erde ist düster. Eine Gasschleuse ermöglichte den Zutritt zum Bunker, wenn draußen die Luft von Giftgasen voll war. Nackte Räume versteckt hinter vier Meter dicken Wänden, die keine Bombe der Alliierten zerstören konnte. Im Maschinenraum existieren ein noch intakter dieselbetriebener Notstromgenerator, eine Belüftungsanlage und ein Brunnenloch für die Wasserversorgung. Der 1939 erbaute, zweiröhrige Bunker diente als separate Befehlsstelle. Im Hauptraum, der Befehlszentrale, war Platz für 15 Personen: drei Melder, drei Adjutanten, Telefonistinnen und fünf Fahrer. Von einfachen Zuständen kann nicht die Rede sein, es gab große Heizkörper und zwei Toiletten. Hauptdomizil Karl Kaufmanns war die Reichsstatthalterei im »Budge-Palais«, heute die Hochschule.

Der Verein »Unter Hamburg« öffnete 2011 die Türen für Führungen. Dieser Bunker diente im Gegensatz zu vielen öffentlichen Schutzbunkern ausschließlich militärischen Zwecken und ist einziges Zeugnis Hamburgs, wie Nationalsozialisten in der Führungsebene überlebten.

Über den Hamburger »Führer« wird widersprüchlich geurteilt. Einerseits übergab er die Stadt 1945 kampflos und verhinderte so eine vollständige Zerstörung. Andererseits steuerte er von 1933 bis 1945 die Politik der regionalen NS-Regierung und damit die Deportation und Ermordung der Juden. Vor Ende des Krieges soll er Hitler für einen »Wahnsinnigen« gehalten haben. Nach dem Krieg schloss er sich erneut einer Bruderschaft ehemaliger Faschisten an. Kaufmann, der früher Hilfsarbeiter war und von heimlichen Zuzahlungen der Mutter lebte, wurde für seine Verbrechen nie bestraft. Als angesehener Bürger starb er 1969 in Hamburg.

Hochschule für Musik und Theater · Harvesterhuder Weg 12 · 20148 Hamburg
Tel. 040/68 26 75 60 · www.unter-hamburg.de
U 1 Hallerstraße

Die Flohschanze

43

Ob Tropenhitze oder Eissturm, auf eins kann man sich in Hamburg verlassen: Samstags verwandelt sich das Schlachthofgelände in einen einzigen und einzigartigen Marktplatz. Das Treiben rund um die historischen Hallen ist schon Grund genug zu kommen.

Es gibt alles, nur drei Dinge nicht: Neuwaren, Socken und Sonderposten. Darauf legt man hier Wert. Zu einem echten Flohmarkt gehört echter Trödel. Die eine oder andere gestrickte Fußbedeckung wurde zwar schon gesichtet, aber nicht aufgereiht wie auf der Partiewarenmesse. Flohschanze ist für alle da, verkündet der Organisator, die den Jahresputz zur Entrümpelung des Haushalts nutzen. Und das machen viele Hamburger. Sehr viele. Wie es gelingt, samstäglich ein 1200-Quadratmeter-Areal mit den Ergebnissen von Aufräumaktivitäten zu füllen, grenzt an ein Wunder. Dazwischen, zugegeben, das eine oder andere Antiquariat und Menschen, die sonst Vintage-Möbel oder gebrauchte Hörspielkassetten im Laden verkaufen.

Besonders an der Flohschanze ist auch das Verständnis für die unterschiedlichen Biorhythmen der Menschen. Wenn auf anderen Märkten Verkäufer vom Typ Eule mit Quellaugen und dem sechsten Kaffeepott vom Campingstuhl kippen, werden sie allenfalls von Lerchen bemitleidet, die ringsum emsig ihre Stände bestücken. Hier aber gibt es einen gestaffelten Aufbauzeitplan mit »Ab-9-Uhr-Standflächen«. Die Eulen verdienen damit, statistisch gesehen, weniger. Aber um Geld geht es sowieso nicht wirklich. Wer kann, drückt dem Standnachbar die Aufsicht aufs Auge und stürzt sich in das Treiben rund um die denkmalgeschützte Alte Rinderschlachthalle (erbaut 1911). Ziel ist, möglichst das Doppelte des gemachten Ertrags wieder auszugeben. So freuen sich alle, und es funktioniert jeden Samstag.

▶ **Tipp: Pförtnerhäuschen einkehren. Das winzige Backsteinhäuschen gehörte zum historischen Gebäudeensemble. Es beherbergt Hamburgs kleinste Cafébar (13 Quadratmeter) und hat die schönsten Sonnenplätze mit Sicht auf das Feilschen.**

Flohschanze · Sa 8–16 Uhr (ganzjährig) · Infos und Standvergabe unter www.marktkultur-hamburg.de · Café Bar Pförtnerhäuschen · Neuer Kamp 30 · 20357 Hamburg · Tel. 040/69 08 92 33 www.pförtnerhäuschen.de · U 3 Feldstraße

Schön und
melancholisch
Domenica,
bevor sie die
Prostitution
aufgab.

44

Galerie der Schlumper

Eine Tür in der Alten Rinderschlachthalle führt in eine Galerie, wie sie nur selten zu finden ist: die Kunstproduktion der Schlumper. Die Ausstellung vermittelt einen Eindruck von der Vielfalt und dem Reichtum ihrer Werke.

Man begegnet modern interpretierten Bremer Stadtmusikanten, sieben Katzen sind es hier, und den Rittern einer Tafelrunde. Schräg gegenüber hängt das Porträt von »Domenica, bevor sie die Prostitution aufgab, schön und melancholisch«. Andere Werke scheinen der Linie von Künstlern wie E. W. Nay oder Gaston Chaissac zu entsprechen. Doch das ist Zufall. Die Schlumper folgen keinen Vorbildern und keinem Modetrend. Ihre Bilder entstehen unverfälscht aus eigenen Emotionen heraus, oft unter ganzem Einsatz von Körper und Seele.

»Was ohn Vorgedanken, ohn Kunst, unversehens geschiehet, das ist Schlump, der unvermutete Glücksfall«, heißt es im Grimmschen Wörterbuch. Es passte, dass sich 1984 in der Straße »Beim Schlump« um den Hamburger Maler Rolf Laute künstlerisch Begabte mit unterschiedlichen Behinderungen sammelten. Ein improvisiertes Atelier entstand in den Kellerräumen des Stadthauses.

1998 zogen die Schlumper um in die Alte Rinderschlachthalle auf St. Pauli. Für Kunstfreunde ist die Galerie auf zwei Ebenen mit Einblicken in die Ateliers eine kleine Perle, im zugehörigen Café kommt man ins Gespräch. Die Arbeiten der Schlumper zieren zum Beispiel Kunst-am-Bau-Projekte, Plakate und Plattencover. Sie werden von privaten Sammlern und öffentlichen Einrichtungen gekauft. Kunstliebhaber, Filmemacher und Fotografen können sie gegen Gebühr entleihen. Künstlerisch Interessierte sind in der Galerie der Schlumper auch willkommen, um die Arbeit der Schlumper kennenzulernen oder selbst zu zeichnen und zu malen.

▶ **Bei schönem Wetter lohnt das Schlumper-Café mit seinen Außenplätzen ganz besonders. Ein kleiner, gemütlicher Ort vor roten Backsteinmauern.**

Galerie der Schlumper · Mi–Fr 16–19 Uhr, Sa. 11–17 Uhr · Alte Rinderschlachthalle Hamburg Neuer Kamp 30 · Eingang B · 20357 Hamburg · Tel. 040/43 25 42 70 · Führungen für Gruppen nach telefonischer Anmeldung · U 3 Feldstraße · S 3 / S 21 und U 3 Sternschanze

45 Das Schröderstift

An der sechsspurigen Stadtautobahn am Schlump sichtet der Vorbeifahrende plötzlich Ziegelflächen, Treppengiebel und eine kupferne Kuppel hinter Bäumen: Das ehrwürdige Schröderstift, einst von Studenten vor dem Abriss bewahrt, hat akustisch die Lebensqualität einer Autobahnraststätte.

Ländliche architektonische Schönheit neben urbaner Moderne. Kaum zu glauben, aber das Schröderstift stand vor langer Zeit inmitten von grünen Wiesen. Auf einem Plan von 1854, als Hamburg noch in »Wall und Graben« lag, ist es das erste große Gebäude, das auf freiem Feld im »Papenland« vor den Toren der Stadt errichtet wurde. Ein Stich von Wilhelm Heuer um 1875 belegt dies.

Die Dreiflügelanlage aus Backstein im Stil des Historismus errichtete der jüdische Architekt Albrecht Rosengarten 1852 für »unverschuldet in Not Geratene« im Auftrag des Kaufmanns Johann Heinrich Schröder. Blickfang ist die Stiftskapelle, deren Kuppel eine aufgesetzte Laterne verziert. Seit 2006 logieren hier die Koptisch- und die Äthiopisch-Orthodoxe Gemeinde.

Das parkartige Gelände teilt sich eine autonome innerstädtische Kommune von ungefähr 90 Mitgliedern samt Kinderwagen und Katzenkörben mit der Kirche. Geboren wurde dieses Projekt, als 1980 das Schröderstift abgerissen werden sollte. Dort lebende Studenten kämpften mit Flugblättern für den Erhalt. Schließlich gründeten sie 1981 die Mieterselbstverwaltung und schlossen mit der Stadt einen bis 2016 gültigen Leihvertrag. Der Zwist hört aber nicht auf. Die Universität baut 2014 auf dem hinteren Naturstück, das bereits in den Siebzigern teilweise dem Neubau des Geomatikums weichen musste, für 140 Millionen den Klimacampus. Ein wenig Glück brachte indirekt die Historie selbst, Alt-Schröderstiftler Wittfried Malik dazu: »Ich danke unseren Vorfahren für die große Blutbuche, die sie vor 120 Jahren hinter das Stift gepflanzt haben. Sie hat das Schlimmste verhindert. Sonst stände jetzt der Betonriegel direkt an unserer Hintertür!«

Mieterselbstverwaltung Schröderstift e. V. · Schröderstiftstraße 34 · 20146 Hamburg
Führungen der Stiftskirche nach Vereinbarung · Tel. 040/44 49 85 · www.msv-schroederstift.de
U 2 / U 3 Schlump

46 Altes Mädchen Braugasthaus

Die unglaubliche Welt der Braukunst zog ein in die Schanzenhöfe. Zu jeder guten Stulle gibt es das passende Bier, dank fachkundiger Beratung aus rund 70 Sorten ausgewählt. Schon die Karte zu lesen ist ein Erlebnis und bringt überraschende Erkenntnisse.

Lange Zeit war es ungerecht. Während den Weinen Getränkekarten gewidmet sind, in edelstes Leder gebunden, ein Sommelier den passenden Tropfen zur Speis' empfiehlt, führten die Biere bisher ein Schattendasein. Also bitte, naserümpft der Gourmet, das ist schließlich etwas völlig anderes. Stimmt nicht, bewiesen zwei Jungunternehmer. Es funktioniert auch mit Bier und klingt dann zum Beispiel so: »Kräftig, goldfarben und von feiner Hefe durchzogen. Stabiler Schaum, Duft nach Pfirsich und Ananas.« Oder so: »Sehr süffig und erfrischend, wunderschöner Hopfen. Gemacht mit dunkel geröstetem Malz, Abgang anhaltend mit dunkler Schoki.«

Mehr als 70 Biere stehen auf der Karte, und sie zu studieren lohnt auch aus anderen Gründen. Man weiß hinterher etwa, dass es weltweit nur acht Klöster gibt, die Trappistenbiere brauen, und das obergärige »Porter« den Londoner Hafenarbeitern als Stärkung diente. Diese und viele andere Dinge fanden Axel Ohm und Patrick Rüther heraus. Bierselig reisten sie um die Welt und brachten mit, was sie für ausschankwürdig hielten. Im März 2013 eröffneten sie das »Altes Mädchen Braugasthaus« in den historischen Viehmarkthallen (1896), die sich zu Schanzenhöfen gewandelt hatten. Beim Essen unterscheiden sie zwischen Stullen, Happen und Abendbrot. Auf regionale Produkte, schonende Verarbeitung und einen vernünftigen Umgang legen sie Wert. Bier-Sommeliers eilen zu den Tischen, um zu beraten und das passende Schaumgetränk zu empfehlen. Und doch gibt es ihn, den Unterschied zum Weinkredenzen. Sicherheitshalber klären die Betreiber auf der Homepage auf: »Aber keine Angst, bei uns geht das nicht so in Richtung Wein, der von Pinguinen zum Essen serviert wird. Im Gegenteil: Wir sind da eher total entspannt.«

Altes Mädchen Braugasthaus · Mo–Sa ab 12 Uhr, So (Frühschoppen) ab 10 Uhr · Lagerstraße 28b
20357 Hamburg · Tel. 040/8 00 07 77 50 · www.altes-maedchen.com
U 3 / S 3 / S 21 Sternschanze

Der Park »Am Weiher« 47

Eimsbüttel war einmal bewaldetes Gebiet, daran erinnern Straßennamen wie »Im Gehölz« und der im Herzen des Stadtteils liegende Park »Am Weiher«. Trotz seiner Lage am lärmenden Ring 2 spendet er dennoch Ruhe und dank des schönen alten Baumbestands den ersehnten Schatten im Sommer.

Was macht der Stadtmensch, wenn die Sonne scheint und er sich bewegen möchte? Mit besten Absichten und der Sehnsucht nach frischer Luft zieht er hinaus auf der Suche nach Natur. Fündig wird er direkt vor der Haustür im Eimsbütteler Park »Am Weiher«. Ob alte Ahornbäume, Kastanien, Rotbuchen, Platanen oder Gastbaumarten, mitgebracht aus vielen Teilen der Welt, erinnert der Baumbestand an Zeiten, in denen wohlhabende Hamburger Sommerhäuser errichteten und weitläufige Parks anlegten.

Der Senator und spätere Bürgermeister Ascan Wilhelm Lutteroth kaufte 1832 Teile des Eimsbütteler Gehölzes auf und schuf den Park, durch den die Ottersbek floss und die Fischteiche mit ihrem Wasser versorgte. 1872 erwarb der Bremer Spekulant Wilhelm C. F. Büsing das Privatgelände von Lutteroths Nachfolgern. Um einer Bebauung entgegenzuwirken, setzte Hamburg im Jahr 1892 alles daran, den Park als öffentliche Erholungsfläche zu erhalten. Ein Toilettenhäuschen, entstanden im östlichen Teil, ist heute ein beliebtes Café. Im Zuge der Flurbereinigung nach dem Zweiten Weltkrieg wurde die Ottersbek unterirdisch verlegt und ein großer Teich angelegt. Bis 2008 diente der Park auch der Regeneration der Patienten des angrenzenden St.-Michaelis-Krankenhauses. Während ein Teil der Klinik abgerissen wurde und Wohnungen gebaut wurden, blieb das historische Michaelis-Haus (Lienausche Klinik von 1905) im Sinne des Denkmalschutzes erhalten.

Obwohl sich die Stadt Hamburg im Jahr 1892 noch für die Erhaltung des Parks eingesetzt hatte, wollte sie 110 Jahre später, im Jahr 2002, 35 Bäume fällen. Eine Bürgerinitiative rettete immerhin 31 davon.

Park »Am Weiher« (mit Spielplätzen) · Am Weiher 1 · 20255 Hamburg
U 2 Osterstraße · Bus 25 / 20 Goebenstraße

Die Keramik von Susanne Behrens

48

Klein, fein und zentral gelegen ist der Ort, wo geübte Hände Ton bändigen, wo jedes Produkt per Hand gefertigt ist, wo sich ein Becher vom anderen unterscheidet. Wer keine Lust mehr hat, seinen Schrank zu öffnen, um 200 Teile Zwiebelmuster zu sehen, ist hier genau richtig.

Betritt man das Lädchen, in dem keramische Einzel-, Design- und Serienstücke dargeboten werden, liegt ein ununterbrochenes halblautes Summen in der Luft: Die Akustik kommt von der elektrischen Drehscheibe. Es riecht nach Erde und gebranntem Ton. Durch eine kleine Öffnung hinter dem warm beleuchteten Ausstellungsraum ist der Kopf der Meisterin, Susanne Behrens, zu sehen. Freundlich kommt sie mit von Tonschlicker beflecktem Pulli nach vorn und fragt, ob sie behilflich sein kann. Wenn nicht, verschwindet sie wieder in ihre Mini-Werkstatt.

Giftgrün schimmern sie, und blassrosa, helllila, grellorange und tiefschwarz. Erstarrte Tropfen in Milchig-Weiß. Eine Poesie der Farben und Strukturen auf den Scherben. Inspirationsquelle ist der Garten hinter dem Haus. Wenn alle Glieder schmerzen, gräbt Susanne Behrens dort mit bloßen Händen.

▶ **Auf Wunsch setzt die Keramikerin auch Designvorstellungen ihrer Kunden wie z.B. Porzellanlampen o.ä. um.**

Wie viel Geschick, Kraft und Zeit nötig sind, um eine ästhetische Keramikkunst aus einem 40 Kilogramm schweren Klumpen zu formen, wird erst bei Betrachtung dieser Arbeit deutlich. Liegt mal seelische Unausgeglichenheit vor, erinnert sich Ton an den unliebsamen Umgang spätestens im Brand. Sein Gedächtnis ist gnadenlos: Verziehen der Gefäße, Risse, verlaufene oder abgeplatzte Glasuren sind das Ergebnis.

Susanne Behrens weiß, warum sie mit Idealismus diese Arbeit macht. In einer Welt, die sich wieder nach dem Einzigartigen, Sensiblen, Bodenständigen sehnt, ist Ton das perfekte Material, sich auszudrücken.

Susanne Behrens · Di–Do 10–12 und 14–18 Uhr, Fr 15–18 Uhr, Sa 10.30–14 Uhr und nach Vereinbarung · Eppendorfer Weg 88 · 20259 Hamburg · Tel. 040/4 90 50 19
U 2 Christuskirche, Bus 4, 20, 25

49 Das Gartendeck

Einige Häuser weiter versucht die Sünde zu schillern und Nie-Schlafende stolpern aus den Frühclubs. Hier hingegen gedeihen Blumen und St.-Pauli-Gemüse. Die Oase in der Großen Freiheit wurde von einer privaten Initiative für Stadtbegrünung geschaffen. Jeder kann mitmachen.

Berlin hat gezeigt, wie es geht. 6000 ungenutzte Quadratmeter Kreuzberg befreite man vom Müll und verwandelte sie in einen Prinzessinnengarten. Weil die Stadt diese Fläche jeweils nur für ein Jahr vermietet, sah man sich gezwungen, Beete zu entwickeln, die umziehen können. Die Pflanzen wachsen aus recycelten Bäckerkisten, Reissäcken und Tetrapaks heraus. So bleiben sie mobil und können selbst über dem härtesten Beton Wurzeln schlagen. Auf dem Internationalen Sommerfestival kamen Berliner und Hamburger ins Gespräch, eine äußerst fruchtbare Kooperation entstand. Seit Mai 2011 hat der Kiez einen schönen Garten. Kleiner zwar als das Vorbild der Hauptstadt, dafür gibt es Ableger wie die »Keimzelle«, ein grünes Inselchen im Karo-Viertel.

▶ Auch im Volkspark gibt es einen Gemeinschaftsgarten, aber mit normalen Beeten und Permakultur. Das passt dort zur Umgebung. Infos unter www.umweltgestaltung.org

In der Großen Freiheit Nr. 62–68 harmonieren Blüten und knospende Zweige mit dem Graffiti auf der Gebäudewand der St.Pauli-Druckerei. Es gibt Bienenstöcke, kleine Gewächshäuser, einen mobilen Komposthaufen und oft heiße Suppe. Das Prinzip des Gartendecks ist einfach. Träger sind alle, die dort gärtnern. Gemeinsam wird gesät, gepflanzt, gejätet, gegossen, geerntet und erprobt, wie sich brach liegende Flächen in produktives Grün verwandeln lassen. Manche haben das Konzept noch nicht ganz verstanden. Einmal kam ein Gärtner, den Spaten über der Schulter, um beim Beeteumgraben zu helfen. Auch er war willkommen, und sein Spaten durfte Urlaub machen.

Gartendeck · ab 1. Mai Di/Mi 16–20 Uhr · Sa/So 14–20 Uhr · Große Freiheit 62–68 · 22767 Hamburg
www.gartendeck.de · S 1 / S 3 Reeperbahn

EW YORK
Bho.
1973

Bilder deutscher Rasse
Nordische Rasse
Fälische Rasse
„Die harte Faust des Krieges"

Das Schulmuseum auf St. Pauli

50

Nahe der Reeperbahn steht eine ehemalige Realschule. Ihre Klassenräume sind kleine Zeitmaschinen. Sie nehmen den Besucher mit in Jahre, in denen der Rohrstock regierte, und konfrontieren teils mit dunkelster Vergangenheit. Fünf schulgeschichtliche Epochen sind zum Greifen nah.

Das Kratzen des Griffels auf der Schiefertafel ist förmlich zu hören beim Betreten der historischen Räume. Es verwunderte nicht, wenn noch ein Schüler in der Ecke stünde, sich schämend für seine »Unartigkeiten«. Im originalgetreu eingerichteten Klassenzimmer aus dem wilhelminischen Kaiserreich stimmt jedes Detail, von den alten Holzbänken bis hin zum Bollerofen. Nach dem Unterrichtsgesetz vom 11. November 1870 erlebte das staatliche Schulwesen in Hamburg einen regen Aufschwung. Viele Exponate stammen aus dieser Zeit. Ein anderer Raum informiert über das Schulwesen in der Weimarer Republik mit ihrer reformpädagogischen Bewegung. Die Realität des kaum Vorstellbaren beweist das Klassenzimmer aus der Zeit des Nationalsozialismus. Man verwendete unter anderem ein Kopfmessgerät zwecks ideologischer Zuordnung der Menschen. Das Museum zeigt auch, wie sich das Schulleben nach dem Zweiten Weltkrieg veränderte.

Ausgestellt ist, was aus der jeweiligen Zeit blieb, Schulgegenstände wie Lineal oder Schiefertafeln, historische Urkunden, Zeugnisse, Bücher und Kartenmaterialien, ausgestopfte Tiere für den Biologie-Unterricht, mathematische Hilfsgeräte und physikalische Gerätschaften aus mehr als hundert Jahren. Auch persönliche Erinnerungen wurden bewahrt: Poesiealben und Fotos von Klassen, Kollegien, Schulgebäuden, Klassenfahrten und Schulheimaufenthalten.

Wer ausprobieren möchte, wie sich das Schreiben damals anfühlte, kann den Museumsladen besuchen. Hier sind Glasfederhalter, Schiefertafeln, Griffel und Schwammdosen erhältlich.

Hamburger Schulmuseum · Mo–Fr 8–16.30 Uhr, jeden ersten Sonntag im Monat 12–17 Uhr, Veranstaltung um 15 Uhr · Seilerstr. 42 · 20359 Hamburg
Tel. 040/34 58 55 · www.hamburgerschulmuseum.de
U 3 St.Pauli · S 1 / S 2 Reeperbahn · Schnellbus 37 bis Haltestelle Davidstraße

51 Zur Ritze

Ein Lokal in einem Hinterhof der Reeperbahn, das durch zwei gespreizte Frauenbeine zu betreten ist, lässt keine Zweifel offen, denken Unwissende und gehen lieber weiter. So verpassen sie die wohl kultigste Kneipe auf dem Kiez. Im hauseigenen Boxring trainierten schon die Klitschkos.

Die Ritze sollte ursprünglich »Spalte« heißen, aber das war den Behörden zu schlüpfrig. Wie alt sie ist, weiß niemand so genau, denn als sie eröffnet wurde, regelte man solche Dinge auf dem Kiez noch per Handschlag. Es muss wohl in den frühen 1970er-Jahren gewesen sein. Seitdem hat sich kaum etwas verändert im Hinterhof Reeperbahn Nummer 140. Noch immer empfängt der dunkle Eingang zwischen den schlanken Beinen jeden Gast. Es ist ein wenig wie geboren werden, nur anders herum und für Er-

wachsene. Das Tür-Gemälde stammt von Erwin Ross. Der Künstler, einschlägig bekannt als »Rubens von der Reeperbahn«, malte 1962 auch die Wolkenkratzer-Skyline für den »Star-Club«. Vor dem Bühnenbild begann die Karriere der Beatles.

Weil Wirt Hanne Kleine früher Boxer in der DDR-Nationalmannschaft war, ließ er in der Tiefgarage unter der Ritze einen Ring bauen. Alle waren sie hier, von Max Schmeling über Don King bis hin zu den Klitschkos. Ihre Fotos und Autogramme pflastern die Wände der Bar. Der Kiez-Kneipier starb im November 2011. Seine Witwe Kirsten führt das Erbe weiter, mitsamt Boxring und Stammgästen wie Udo Lindenberg, Ben Becker und Jan Fedder. Für Dragqueen Olivia Jones ist die »Ritze« »einer der letzten Punkte im Kiez-Kosmos, an denen die Zeit stehen geblieben ist«. Ein Original im Blink-Blink der modernen Table-Dance-Bars, Entertainment-Tempel und Spielhallen. Es verwundert nur etwas, dass es bayerisches Bier gibt.

▶ Pin-up-Kunst von Erwin Ross. Der Künstler verstarb 2010, seine Werke leben weiter. Galerie Ross. Igelweg 3, 22549 Hamburg, Tel. 040/80 02 06 94

Zur Ritze · Mo–Sa ab 14 Uhr, So ab 18 Uhr · Reeperbahn 140 (Hinterhof) · 20359 Hamburg
www.zur-ritze.com · S 1 / S 3 Reeperbahn

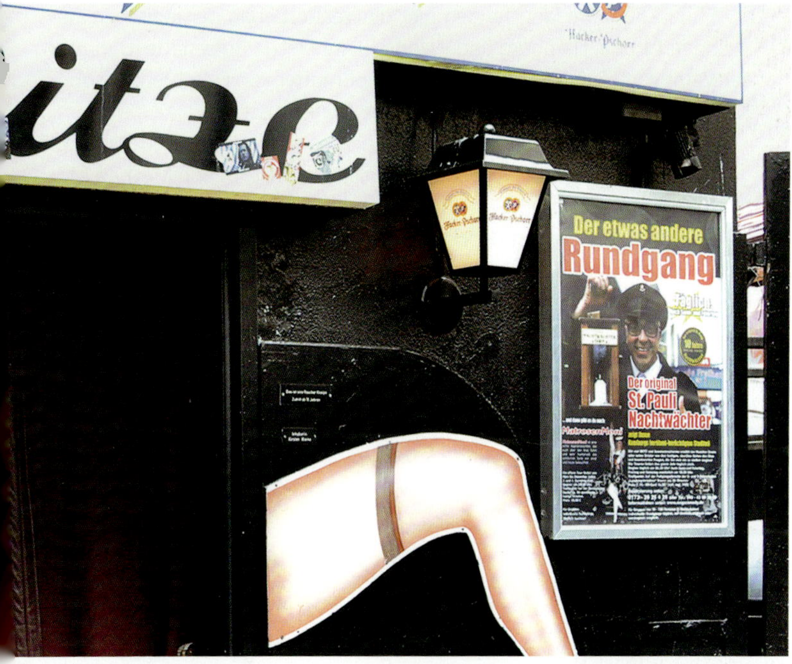

52 Der jüdische Friedhof in der Königstraße

Der nach jiddischer Redewendung »Gute Ort« gilt nicht nur wegen seiner Größe und seines Alters als eines der bedeutendsten jüdischen Gräberfelder Europas. Auch seine kulturhistorische Bedeutung durch die Bilder auf den Grabsteinen ist von unschätzbarem Wert.

Nahe der Reeperbahn liegt an der Königstraße ein jüdischer Friedhof, entstanden 1611. Er ist einer der einzigartigsten Europas wegen der direkten Nachbarschaft von sephardischen (jüdische Einwanderer von der Iberischen Halbinsel) und aschkenasischen (deutsche Juden und Einwanderer aus Osteuropa) Gräbern und der ausführlich beschrifteten marmornen Grabsteine.

Im 17. Jahrhundert wurden die Juden in Portugal zwangsgetauft. Viele wanderten deshalb nach Norden aus und trafen in Hamburg auf eine Gemeinde, deren Mitglieder, viele aus Russland und Polen, ebenfalls geflohen waren. Gemeinsam kauften sie das ehemalige Ackerland.

Etwa 260 Jahre lang fanden hier die Verstorbenen der jüdischen Gemeinden Altona, Hamburg und Wandsbek ihre letzte Ruhestätte. Darunter der Vater von Heinrich Heine oder die Großmutter von Felix Mendelssohn-Bartholdy. Heute steht der Friedhof unter Denkmalschutz.

An die 6000 Grabsteine gibt es noch, teils mit floralem Zierrat und figürlichen Halbreliefs von Frauen, die Zwillinge stillen, oder biblischen Motiven. Die Steine mit eingemeißelten Geschichten aus vergangener Zeit belegen die Fabulierkunst der Hinterbliebenen und ihre Lust, Komplimente auszudrücken: »Er war sehr gottesfürchtig, sehr belesen«. Hatten die Rabbiner kluge Bücher geschrieben, wurden auch diese verewigt. Die Liebesgrüße für die Toten sind in spanischer, portugiesischer, hebräischer und deutscher Sprache eingemeißelt.

Der Besucher kann hier viel entdecken und lernen. Bislang konnte eine Forschungslücke von den hier tätigen Wissenschaftlern noch nicht geschlossen werden: der Teil des Friedhofs für Hamburger Juden, den Hitlerjungen im Dritten Reich zerstörten und sich als Fußballplatz einrichteten.

Jüdischer Friedhof mit Eduard-Duckesz-Haus am Eingang · Di, Do, So Nachmittag geöffnet (jeden So 12 Uhr Rundgang) · Königstraße 10a · 22767 Hamburg · www.denkmalstiftung.de
S-Bahn Reeperbahn oder Königstraße, Bus 112 Fischmarkt, Bus 36 Reeperbahn

Hamburger Rotspon im Genuss Speicher

53

Hamburg hat eine eigene Wein-Spezialität. Im Frühjahr 2013 eröffnete der Genuss Speicher, in dem man einen echten »Rotspon« verkosten und selbst verschneiden kann. Hier freut sich der Gaumen inmitten einer musealen Welt zum Thema Hanse und Kolonialwaren.

Zwischen 1806 und 1814 besetzten Napoleons Truppen die Hansestadt. Die Soldaten plünderten auch die Weinkeller der Speicherstadt. Als sie schmatzend von den guten Roten kosteten, hoben sie die Brauen. Incroyable! Kaum zu glauben. Diese Weine stammten aus der Gascogne, Bordeaux und dem Burgund und mundeten doch viel besser als in Frankreich! So wurde der Name »Rotspon« zu einem Gütesiegel für hanseatischen Wein. Der niederdeutsche Begriff bezeichnete ursprünglich nur einen Rotwein, der das Holz, also den Span des Fasses, rot gefärbt hatte.

Bereits im 13. Jahrhundert pflegte Hamburg Handelsbeziehungen zur französischen Atlantikküste. Die Reise nach Hamburg bekam dem Rebsaft gut. Fässer aus frischem Eichenholz gaben ihre Tannine, Würze und Vanillearomen an die Weine weiter, und die Speicher der Hansestadt boten beste klimatische Bedingungen. Heute darf nur ein französischer Wein »Rotspon« heißen, der mindestens drei Monate in Hamburg im Fass lagerte und vor Ort aus Rebsorten einer Hanglage verschnitten und abgefüllt wird. Der im März 2013 eröffnete Genuss Speicher greift die Tradition auf. Im Gewölbekeller reift »Rotspon« heran. Besucher können ihn direkt vor Ort verkosten oder sogar einen persönlichen Cuvée verschneiden.

Unter urigem Gebälk im Hochparterre laden eine Weinbar und die »Reeder-Ecke« ein. Der Architekt Stephen Williams veredelte den Raum mit vergoldeten Paletten und Kronleuchtern aus Weinflaschen, dazwischen stehen historische Geräte. Hier dreht sich alles um die Speicherstadt und ihre Kolonialwaren. Die Gäste können Tee, Kaffee und Gewürze sinnlich erleben und die Aromen von Beeren, Vanille und Holz erraten.

Genuss Speicher · Di–So 10–17 Uhr, Weinbar und Café 10–22 Uhr, abends auch Lesungen und andere Veranstaltungen · St. Annenufer 2 · 20457 Hamburg · Tel. 040/30 38 02 80
www.genuss-speicher.de · U 3 Messberg

54 Das Teekontor »Samova« in der Hafencity

Seit über zehn Jahren räumt Esin Rager mit dem Vorurteil des Schlabberpulli und Wollsocken tragenden Teetrinkers auf. Sie überzeugt mit einer modernen, multikulturellen Teekultur. Das neue Image des heißen Getränks ist: weltoffen, trendy und poppig verpackt.

Es war einmal eine Frau mit osmanischen Wurzeln namens »Esin«, Morgenwind. Sie lebte in der Tee-Metropole Hamburg, trank gerne Tee, hatte es aber satt, immer nur gleiche qualitätslose Sorten zu kosten. Eines Tages brachte ihr Mann von seinen Reisen aus fernen Ländern exotische Kräuter mit. Sie entwickelte aus diesen wohlriechenden Ingredienzien 25 wunderbare Teemischungen und gab ihnen fantasievolle Namen. Der Duft, die Farbe und der Geschmack dieser Mischungen verführte sogar Nicht-Teetrinker. So handelt sie ihre kostbaren Teesorten heute weltweit. Sogar ein Scheich aus Abu Dhabi lässt »Magic Gold«, eine Kombination aus Rosenblättern, Safran, Blattgold und schwarzem Tee, in die Emirate einfliegen. Er wird von der Königsfamilie als Zeichen von Dankbarkeit und Freundschaft weitergereicht.

Esin Ragers Reich der Aromen »Samova« befindet sich aber nicht in einem Palast, sondern versteckt sich bescheiden hinter einer dicken Eisentür im dritten Stock eines Sechzigerjahre-Baus und ist prall gefüllt mit Holzkisten. Zwischen diesen stehen Bürotische, an denen gearbeitet wird. In einer Ecke, deren Wand eine frontal paddelnde Wasserschildkröte ziert, kann Tee gekostet, in einer anderen gerochen und gekauft werden. Die weiße Edellounge zaubert den Teegenießer bei einer Tasse »Heidi's Delight« in eine andere Welt. Biokräuter wie Färberdistel, Kornblume sowie Frauenmantelblätter versetzen ihn in die Schweizer Alpen, und von Kraft durchströmt sieht er sich schon auf einer Bergtour durch Bäche und Almwiesen. Zuvor kann er aber auch an »Samovas« regelmäßigen Tanztees teilnehmen. »Esin« heißt übrigens auch Inspiration.

Samova · Hongkongstraße 1 · 20457 Hamburg · Tel. 040/8 50 36 40 · www.samova.net
U 4 Überseequartier (Ausgang Richtung Osakaallee)

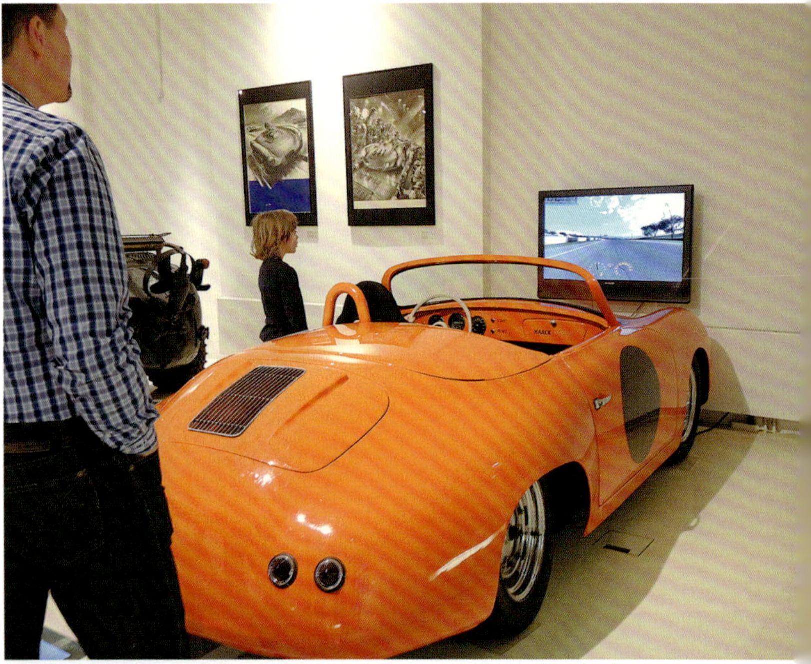

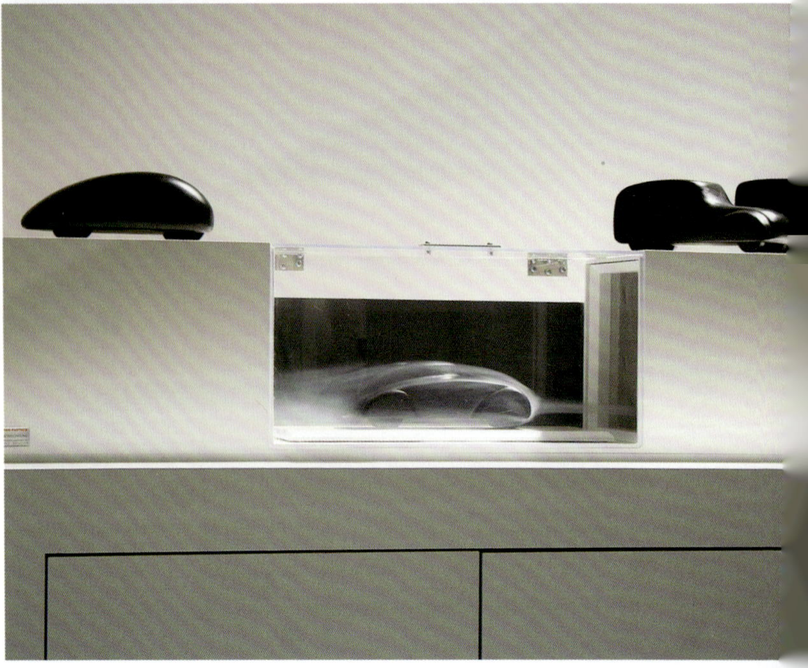

Der Windkanal im Prototyp-Museum

55

Von der Vorkriegskarosserie bis zur Stromlinienform war es ein weiter Weg. Was passiert, wenn der Fahrtwind auf verschiedene Automodelle trifft, zeigt sich im Untergeschoss des Automuseums Prototyp. Im hauseigenen Windkanal darf es jeder Besucher selbst ausprobieren.

Wie behäbige Klötze wirken zwei der schwarzglänzenden Modelle. Es bestätigt sich nach dem Knopfdruck. Der herausströmende Rauch bildet Wirbel an den unmöglichsten Stellen. Das konnte ja nichts werden. Warum sich also nicht am Huhn orientieren? Es käme kaum auf die Idee, einen Quader herauszupressen. Welch genialer Schachzug der Natur die Eiform ist, zeigt sich am nächsten Modell. Das Holzwägelchen kommt heutigen Karossen schon näher. Bereit stehen insgesamt vier Miniaturmodelle von Versuchswagen aus den 1930er-Jahren, die Aerodynamiker wie Wunibald Kamm und Paul Jaray entwickelten.

Das Museum Prototyp zeigt auf zwei denkmalgeschützten Fabriketagen rund 40 seltene Sportwagen und andere automobile Raritäten. Der Windkanal zog anlässlich der ersten großen Sonderausstellung »Stromlinie. 100 Jahre gegen den Wind« ein. Viele Besucher übersehen ihn, weil er sich im Backsteingewölbe des Untergeschosses befindet und sie es nicht schaffen, vom Erdgeschoss wegzukommen, denn dort wiederum steht der Porsche-Fahrsimulator. Ein ehemaliges 356 A Cabriolet flitzt nun als orangefarbener Speedster über die virtuelle Rennstrecke. Für das Museum war es eine große Herausforderung, das Originalauto in einen Fahrsimulator zu verwandeln. Es ist gelungen. Wer einmal darin Platz genommen hat, ist ihm rettungslos verfallen und kann sich so ganz dem Rausch der Geschwindigkeit hingeben. Zum Glück war in dem Baujahr die Ära der Klotz-Modelle schon vorbei.

▶ **In der begehbaren Audiobox verwöhnt Motorensound die Ohren. Auch die Sonderausstellungen des Museums lohnen sich.**

Automuseum Prototyp · Di–So 10–18 Uhr
Shanghaiallee 7 · 20457 Hamburg · Tel. 040/39 99 69 70 · www.prototyp-hamburg.de
U 4 Überseequartier

56 Der Hafentaucher vom Hafenmuseum

In der Tiefe ist die Elbe ein Reich aus Dunkelheit und Schatten. Dort bewegen sich Menschen mit eisernen Nerven, besonderer Ausbildung und Spezialausrüstung. Eine große Herausforderung war es für die Hafentaucher im 19. Jahrhundert. Wie es ihnen erging, können Museumsbesucher live erleben.

Im Jahr 1819 hatten die Gebrüder Deane eine gute Idee: Sie bauten einen Ritterhelm um. Fortan konnten Berufstaucher, zuvor unter großen Glocken eingeschlossen, sich freier bewegen. Wenn man es so sagen kann, denn sie hingen am Schlauch und waren abhängig von jenen, die oben standen und pumpten. Im Hamburger Hafenmuseum übernehmen Besucher diese Rolle. Sie sichern die Luftversorgung mit der Handpumpe, während Christian Schuchmann auf den Elbgrund sinkt. Monatlich steigt er in historischer Arbeitsmontur in den Hansahafen. Bei der Vorführung des Kupferhelms zeigt sich, dass das Gerät noch immer funktioniert. Heute haben es Berufstaucher leichter; ein harter Job bleibt es dennoch. Sie schweißen unter Wasser, untersuchen Schiffsrümpfe, bergen Wrackteile und andere Dinge. Oft können sie dabei nicht einmal die eigenen Hände sehen.

▶ Die Barkassen der Maritimen Circle Line steuern das Hafenmuseum von den Landungsbrücken aus an. Die Fahrt verbindet Hamburgs maritime Attraktionen und Museen miteinander. Infos unter www.maritime-circle-line.de

Noch rund 90 weitere Ehrenamtliche machen das Hafenmuseum lebendig. Ihre Biografien sind eng mit der Hafenarbeit verbunden. Man begegnet Kranführern, Schauerleuten, Menschen, die auf Schiffen, in Docks oder den alten Kaischuppen arbeiteten. Es ist eine Schatzkiste der Hafengeschichten am Originalschauplatz, mitten im pulsierenden Betrieb der Kräne und Containerterminals. Die Ausstellung umfasst Sammlungen zum Hafenumschlag, zur Schifffahrt auf der Elbe und zum Schiffsbau. An besonderen Tagen werden der Schuten-Dampfsauger oder historische Portalhubwagen in Gang gesetzt.

Hafenmuseum Hamburg · April–Okt. Di –So und feiertags 10–18 Uhr · Kleiner Grasbrook / Freihafen Australiastraße Kopfbau Schuppen 50 A · Tel. 040/73 09 11 84 Hamburg-Veddel (Ballinstadt) www.hafenmuseum-hamburg.de · Anfahrt: Fähre 73 ab Landungsbrücken bis Argentinienbrücke oder Maritime Circle Line

Die »Queen Mary 2« im Maritimen Museum

57

Wenn Ihre Majestät die Elbe hinabgleiten, steht Hamburg still. Die Ufer füllen sich mit Zaungästen, ein Korso aus begleitenden Booten lässt jeden Staatsakt erblassen. Im Maritimen Museum kann man die Königin betrachten, ohne dass sie einem davonschwimmt. Sie ruht dort als Sieben-Meter-Legomodell.

Selbst Menschen, die sonst wenig am Hut haben mit schwimmenden Luxushotels, verspüren so etwas wie Ehrfurcht, wenn die »Queen Mary 2« kommt. 345 Meter nautische Eleganz pflügen sich durch die Elbwogen. Sie ist eines der längsten Schiffe der Welt und für viele Menschen noch dazu eines der schönsten. Der dunkle Ton ihres Nebelhorns ist bis nach Bahrenfeld zu hören. Bis zu 2620 Passagiere sind an Bord. Viele winken den Daheimgebliebenen zu, bevor sie zum Afternoon Tea entschwinden (traditionell mit weißen Handschuhen serviert) oder die Kreditkarte in den Mayfair Shops zücken. Sie können auch in das bordeigene Planetarium gehen und sich bald rühmen, im wohl größten Ballsaal auf See getanzt zu haben. Von nun an gehören sie zum Cunard World Club. Das ist ein »exklusiver Kreis von erfahrenen Reisenden«, erklärt die britische Reederei Cunard Line. Ihr Flaggschiff wurde in Frankreich gebaut. Seit 2004 ist es auf den Weltmeeren unterwegs, mit rund 1250 Besatzungsmitgliedern.

▶ Im Maritimen Museum mit seiner zehn Decks umfassenden Ausstellung finden sich noch andere Schätze. Auf Deck 6 kann man an der Reling stehen und sich wie auf einer Kreuzfahrt fühlen.

Weil viele das Ein- und Auslaufen Ihrer Majestät verpassen, hat das Internationale Maritime Museum Hamburg sich etwas Besonderes einfallen lassen. Auf »Deck 2« liegt ein 6,90 Meter langes und 1,44 Meter hohes Modell des Kreuzfahrtschiffes, gebaut aus 780 000 Legosteinen. Rund 1200 Stunden benötigten die Baumeister Klaas H. Meyawrd und René Hoffmeister dafür, das entspricht 150 vollen Arbeitstagen. In der Zeit schafft die »Queen Mary 2« eine Weltreise.

Internationales Maritimes Museum Hamburg / Peter Tamm Sen · Stiftung · Di–So 10–18 Uhr
Kaispeicher B, Koreastraße 1 · 20457 Hamburg · Tel. 040/30 09 23 00
U 4 Überseequartier

58 Wasserkunst auf der Elbinsel Kaltehofe

Auf dem Gelände der ehemaligen Hamburger Wasserfiltrationsanlage entstand ein besonderer Natur- und Erholungspark. Kunst rund um das lebensspendende Nass erinnert daran, dass dies in der Hansestadt noch gar nicht so lange selbstverständlich ist.

Im Jahr 1892 fraß sich die Cholera durch Hamburg. Es gab Tausende von Toten. Damals wurde das Hamburger Trinkwasser noch unfiltriert der Elbe entnommen; verschmutztes Hafenwasser floss bei Flut in die Entnahmestelle. Das zu Preußen gehörende, benachbarte Altona indes besaß eine Sandfilteranlage. Dort erkrankten während der Epidemie weitaus weniger Menschen. Hamburg sah den Fehler ein und baute eine Filtrationsanlage auf der Insel Kaltehofe in der Billwerder Elbbucht. Im Mai 1893 wurde sie in Betrieb genommen, samt einer Villa, in der die Außenstelle des neu gegründeten Hygienischen Staatsinstituts einzog. Hier entnahm man Wasserproben und sammelte sie, um künftiges Elend zu vermeiden. Im Jahr 1990 ging die Anlage vom Netz, fortan kam das Trinkwasser aus dem Tiefbrunnen.

▶ **An den nächtlichen Fledermausführungen teilnehmen. Mit dem »Batdetector« werden die Ultraschallsignale der Tiere aufgespürt. Mit Glück sind sie auch bei ihren akrobatischen Flugmanövern zu beobachten.**

Seit 2011 erwacht die Elbinsel als Natur- und Kulturmuseum zu völlig neuem Leben. Auf Kaltehofe vereint sich alte Industriearchitektur mit neu erblühendem Gelände. Rund 280 Pflanzenarten, Fledermäuse und eine reiche Vogelwelt sind eingezogen. Ein ökologischer Naturlehrpfad führt entlang der ehemaligen Filtrationsanlage mit ihren wilhelminischen Schieberhäuschen. Die historische Villa und ein Museumsneubau beherbergen eine Dauerausstellung. Es wurde die Geschichte von Kaltehofe aus Sicht der damaligen Arbeiter und Bewohner rekonstruiert. Eine Werkstatt der Wasserkunst lädt dazu ein, durch zwei Jahrhunderte Geschichte der Hamburger Brunnen und Wasserspiele zu flanieren.

Stiftung Wasserkunst Elbinsel Kaltehofe · Tgl. 10–18 Uhr, Nov.–Feb. Montags geschlossen
Kaltehofe Hauptdeich 6–7 · 20539 Hamburg
Tel. 040/78 84 99 90 · www.wasserkunst-hamburg.de

59 Das Zusatzstoffmuseum

Ein ungewöhnlicher »Laden« befindet sich auf dem Gelände des Hamburger Großmarkts. Wie ein Einkaufsparadies eingerichtet, entpuppen sich die Räume als Ausstellung zum Thema »Was wirklich drinsteckt«. Das Deutsche Zusatzstoffmuseum offenbart ein Leben in Chemie.

Aromen und Emulgatoren, Enzyme und Geschmacksverstärker, viele bunte Farbstoffe … Weithin bekannt sind, dass in Lebensmitteln reichlich Chemie steckt. Zur Herstellung von Lebensmitteln dürfen in der EU Tausende von Zusätzen beigemischt werden. Wie viel es wirklich ist, versetzt dann doch in Staunen. Den Aha-Effekt liefert das kleine Museum auf dem Industriegelände, an authentischem Ort zwischen den Kühlhallen und Sattelschleppern. Im Inneren kommt Supermarktstimmung auf, aber nur bis zu einem gewissen Grad. Schon manch einer stieg nach dem Besuch komplett auf Bio um. Hier lernt man beispielsweise, dass Obst mit Schellack (E 904) lackiert wird, Zedernholzspäne für »natürliches Aroma« im Joghurt sorgen und modifizierte Stärke mit den gleichen Mitteln behandelt wird wie Bauschaum.

▶ Gegenüber dem Großmarkt, auf der anderen Seite des Oberhafens, liegt die Hafencity. Dort in der wortwörtlich schrägen Oberhafenkantine einkehren (Stockmeyerstraße 39). www.oberhafenkantine-hamburg.de

Experimente peppen den Rundgang auf. Tafeln und Schilder erklären, in welchen Lebensmitteln nicht deklarierte Zusätze enthalten sein können. Informiert wird auch über Verschleierungsmethoden und alternative Möglichkeiten. Das Deutsche Zusatzstoffmuseum ist ein Projekt der Hamburger Lebensmittelstiftung. Unterstützt wird es von FRoSTA, einem großen Hersteller für Tiefkühlkostprodukte, und anderen Firmen, die bei der Herstellung ihrer Produkte auf Zusatzstoffe verzichten. Einige der Produkte kann man im Museumsbistro probieren. Manche sehen darin Eigennutz. Eine lehrreiche Sache bleibt es dennoch.

Deutsches Zusatzstoffmuseum · Mi–Fr. 11–17, Sa, So 10–17 Uhr · Bankstr. 28 Großmarkt Tor Ost · 20097 Hamburg · Tel. 040/32 02 77 57 · www.zusatzstoffmuseum.de · Bus 3,120,124,34 bis Nagelsweg, Zugang zum Museum am Tor Nord über ein Drehkreuz (dort klingeln) · S-Bahn bis Hammerbrook (Ausgang Süderstraße), von dort ca. 10 Min. zu Fuß

Der Nullmeridian an der S-Bahn

60

Kaum einer weiß, dass Altona eine bedeutende Rolle bei der Vermessung Norddeutschlands im 19. Jahrhundert spielte. Die damals selbstständige Stadt besaß eine Sternwarte, die einen Nullmeridian definierte. Er ist an der S-Bahn-Station Königstraße zu sehen.

Gäbe es einen Wettbewerb um die anmutigste S-Bahn-Station Hamburgs, die Königsstraße gewänne ihn eher nicht. An ein altes Hallenbad, dessen Innenwände nach außen gestülpt wurden, erinnert der orange-gekachelte 1970er-Jahre-Bau. Dafür besitzt er einen echten Nullmeridian. Zu finden am Ausgang »Behnstraße/Struenseestraße« neben der Fahrradstation. Der »Altonaer Meridian 0 s 30′ 25″ östlich Paris« ist dort als Bronzeband im Boden eingelassen und setzt sich über die Gebäudewand fort. Daneben prangt kunstvoll das Bronzerelief »Lauschen im All«

Dem Meridianband über die Palmaille und dem Fußweg hinunter zur Elbe folgend, entdeckt man am Zaun des Bundesforschungsinstituts für Seefischerei einen TP-Stein, einen Trigonometrischen Punkt der Landesvermessung. Hier stand von 1821 bis 1870 die Altonaer Sternwarte mit dem Meridiankreis, dem klassischen Messinstrument der Astronomen. Ihr Gründer und Direktor, Heinrich Christian Schuhmacher (1780–1850) war zuvor Professor an der Universität Kopenhagen. Nun vermaß er das dänische Hoheitsgebiet, zu dem Altona damals gehörte. Das begeisterte auch seinen Freund, den großen Mathematiker und Physiker Carl Friedrich Gauß, denn er war selbst gerade Sternwartendirektor in Göttingen.

▶ Direkt an der S-Bahn-Haltestelle befindet sich eine Leihstation von StadtRAD Hamburg. Hier kann sich jeder auf einen der Drahtesel schwingen oder ihn wieder abstellen. www.stadtrad.hamburg.de/kundenbuchung

Schuhmacher wurde auf dem ehemaligen Friedhof der Heiligengeistkirche beerdigt. Seit den 1970er-Jahren steht sein Grabstein neben der S-Bahn-Station Königstraße. Er vollendet gewissermaßen das Meridiankunstwerk des Hamburger Bildhauers Thomas Darboven (*1936).

S-Bahn-Station Königstraße · Behnstraße/Struenseestraße, zu erreichen mit S 1 / S 2 / S 3 / S 31

Die Galionsfiguren im Altonaer Museum

61

Sie berichten von Stürmen, von Seegang und dem Schiffbruch, den sie überlebten: Ein ganzer Saal voller wilder, schaurig-schöner Seefahrtsgeschichten verbirgt sich im Altonaer Museum. Mittendrin verschluckt ein echter Hai den Propheten Jonas.

Unbeirrt richtete sie ihren Blick nach vorn, auch wenn die Welt nur noch aus Blau bestand, die Wogen höher als Häuser waren und die See noch so grausam brüllte. Während der hartgesottenste Seemann grünbleich in der Koje lag, hielt die Galionsfigur die Stellung. 18 von ihnen befinden sich im Galionsfigurensaal des Altonaer Museums. Eine wohl einzigartige Sammlung mit Originalen und Rekonstruktionen. Respekt einflößend ist das Mädchen mit antikem Gewand (19. Jahrhundert). Mit entblößten Brüsten und grimmigen Mannsköpfen anstelle von Oberarmen stemmte es sich der See entgegen. Eine andere junge Dame stammt nachweislich vom Bug der »Pindos«, der früheren englischen Viermastbark »Eusemere«. Sie wurde 1890 in Workington erbaut und versank 22 Jahre später im Englischen Kanal, mitsamt der Besatzung und Kapitän Andreas Sandvej. Auch ein Geschwisterpaar aus Pitchpineholz ist ausgestellt, als Doppelfigur eine Seltenheit.

Je nach Epoche und Schiffseigner war die Galionsfigur auch Nixe, Tier, Wappenfigur, Krieger, Indianer, Kaufmann oder Fürst. Besonders zwischen dem 17. und frühen 20. Jahrhundert gehörte sie zum Schiff wie Steuerrad und Masten. Sie sollte Geister vertreiben und vor Unglück bewahren; ein böses Omen, wenn sie beschädigt wurde.

Etwas Besonderes im Saal ist die Figur »Jonas im Wal« (17. Jahrhundert). Aus dem aufgerissenen Maul eines präparierten, gebogenen und bemalten Heringshais ragt ein bärtiger Mann heraus, die Hände zum Gebet zusammengelegt. Es handelt sich um den aus Holz geschnitzten Jonas. Ein großer Fisch verschlang den Propheten, steht im Alten Testament, und spie ihn nach drei Tagen wieder aus.

Altonaer Museum für Kunst und Kulturgeschichte · Di–So 10–17 Uhr · Eintritt 6 (ermäßigt 4) Euro, Kinder und Jugendliche bis 17 Jahre haben freien Eintritt · Museumstraße 23 · 22765 Hamburg Tel. 040/42 81 35 · Das Haus ist barrierefrei · S-Bahn/Bus Bahnhof Altona

62 Die Madonna der Meere

Unbewegt sitzt sie da und starrt auf das Meer, während Touristen Richtung Landungsbrücken strömen oder Aale-Dieter seine Fische in die Menge wirft. Die »Madonna der Meere« ist ein Sinnbild für alle ewig auf See Gebliebenen. Ihre Schwester wohnt in einer Kapelle am Kap Hoorn.

Das Bronzemonument steht am Fischmarkt, gegenüber dem Schwimmdock 11 von Blohm + Voss. Der Bildhauer Manfred Sihle-Wissel schuf es 1985. Die »Madonna der Meere« sitzt auf einem Poller, die Beine mit den Armen umschlungen, den Blick zum Horizont gerichtet. Vielleicht kauert sie sich resigniert zusammen, vielleicht hält die Hoffnung sie fest. Zu ihren Füßen bricht eine Welle. Auf dem Sockel stehen die Worte »Der unvergänglichen See, den Schiffen, die nicht mehr sind und den schlichten Männern, deren Tage nicht wiederkehren«, verfasst von dem polnischen Schriftsteller Joseph Conrad (1857–1924). So entstand der »Platz der Seefahrt«, eine kleine Gedenkstätte inmitten des Hafens mit seinen Ankünften und Abschieden.

Einer der Initiatoren des Denkmals war Kapitän Bernhard Masson. Er gehörte den Cap Horniers an. Nur wer das berüchtigte Kap Hoorn umsegelt hatte, durfte diesen Titel tragen. Die Vereinigung war 1937 im französischen Saint-Malo gegründet worden, im Jahr 2003 wurde sie aufgelöst, weil ihre Mitglieder ausstarben. Sie sorgte dafür, dass Seeleute, die nicht mehr wiederkehrten, eine angemessene Gedenkstätte erhielten. Das Symbol der Cap Horniers war der Albatros. Nach altem Seemannsglauben nehmen die Seelen der verstorbenen Seeleute die Gestalt dieses Vogels an, der den Schiffen oft lange folgt.

Eine kleine Kopie der Madonna steht in einer Kapelle am Kap Hoorn. Sie wiegt 13 Kilogramm und wurde von der Werft Blohm + Voss gestiftet. Im November 2001 brachte Kapitän Rudolf Wittenhagen sie an die Südspitze Amerikas. Viele der letzten Cap Horniers waren dabei.

St. Pauli-Fischmarkt · S-Bahn Reeperbahn (S 1 / S 3)

TRYGGHANSA
HAMBURG
SUPERSPINS
TOP 10

63

Die Haifischbar

Im Hafenviertel rund um die Große Elbstraße gibt es viele Kneipen und Bars. Die Haifischbar ist ein Original. Auch wenn sie sich heute als »maritime, freundliche Gaststätte« bezeichnet: Die raue Brise, die seit ehedem Seefahrer hereintreibt, weht beständig.

Der Matrose starrt hinab auf den Tresen, sein verlorener Blick im Gemälde verewigt. Vielleicht saß auch er einst hier an der Bar, kurz vor dem Aufbruch nach Übersee, die Geliebte weinend am Kai. Nur eine der wildromantischen Geschichten, die im Schummerlicht der Haifischbar lebendig werden. Wände und Decke hängen voll mit Andenken aus aller Welt, Totenköpfe, ein Sombrero, Öllampen, Rettungsringe, Netze, Taue, Flaggen, eine hölzerne Bordleiter, mittendrin klafft das Gebiss eines Hais. Tote Fische, wohin man schaut. Spielautomaten. Die blank gesessenen Barhocker trugen schon manchen Stammgast, bis der Tresen die Stirn berührte. Nebenan bietet die Seemannsmission Fahrenden ein Bett für die Nacht. »Kapitäne schauen immer noch gern bei uns vorbei«, raunt Barmann Kalle, »es kommen aber auch Prominente, Szeneleute und sogar Touristen.« Seit ungefähr 20 Jahren zapft er die herben Biere, bringt Grog zum Durchwärmen und Labskaus, das klassische Seemannsgericht.

Freddy Quinn und andere Stars verhalfen der Kneipe in den 1960er-Jahren zu Ruhm, als sie in einer verrauchten Fernsehserie mitspielten. »In der Haifischbar ist es ganz wunderbar«, reimten sie fröhlich. Inzwischen versucht die Haifischbar ab und zu, eine ganz normale Hafengastronomie zu sein. Es stehen Sonnenschirme vor der Tür und nachmittags gibt es Kuchen (auf Anfrage). In Wahrheit hat sich zum Glück nichts geändert. Es ist drei Uhr in der Früh, von der Reeperbahn strömen neue Gäste herein. »Sollen wir wirklich …?«, sagen ihre Gesichter. Es ist eben auch eine Spelunke. Spätestens, wenn Kalle zur Gitarre greift, fühlt sich jeder willkommen. Ein zweites Zuhause, wie für alle, die zur See fahren und fern der Heimat einkehren.

Haifischbar · Große Elbstraße 128 · 22767 Hamburg
Tel. 040/3 80 93 42 · www.haifischbar.net
S-Bahn Königstraße (S 1 / S 2 / S 3 / S 31)

64 Nuggis Elbkate

Vier Fischbrötchen auf dem Schild über dem Fenster weisen darauf hin: Hier ist die Küche schnell und schlicht. Eingeweihte wissen: Viel, viel mehr steckt drin in der Holzbude vom Museumshafen Övelgönne. Es gibt Salsamusik zum Matjes, wilde Seemannsgeschichten und einen Eisbrecher vor der Tür.

Nuggis erste Elbkate stand ab 1992 und war ein Fahrradhäuschen vom Baumarkt. Ein Kran hatte es samt Betonfundament auf den Anleger Övelgönne befördert. Heute ist die Bude nicht mehr sechs-, sondern viereckig und mindestens genauso gemütlich wie früher. Es gibt unverändert dick belegte Fischbrötchen, Bockwurst, Krakauer und Erbsensuppe, draußen an der Klappe und drinnen an der winzigen Bar. Dazu die Knolle Astra, aufn Poller setzen, und gut is. Nach Jahren als Schiffladungskontrolleur und Leichtmatrose, Fahrten mit Papagei Paula und Pavian Ali, vielen Frauen in vielen Häfen fand Nuggi hier eine neue Berufung. Zuvor besaß er einen Imbiss auf Rügen, der wurde ihm über Nacht geklaut.

Er stammt aus Ottensen und heißt eigentlich Dieter Nuggmeyer, aber so nennt ihn keiner. Vielmehr kennt man ihn auch als »König der Dominikanischen Republik«, und die Königin, wenn man so will, heißt »Nani« Lucia Hiraldo. Er traf sie auf den Großen Antillen, verlor sein Herz und nahm sie als Braut mit in den Nieselregen. Seither ist Nuggi, vorher höchstens fünf Wochen lang verheiratet, so etwas wie sesshaft geworden, aber nur für einige Monate im Jahr. Während der anderen folgt er weiterhin dem Fernweh. Nani sorgt unterdessen dafür, dass es immer gute Fischbrötchen gibt. Wenn ihr die Heimat fehlt, verwandelt Salsamusik die hanseatische Kate in einen ganz warmen Ort.

▶ Den Dampf-Eisbrecher »Stettin« besichtigen (tgl. 10–18 Uhr). Manchmal ist er auf Fahrt. Da können Gäste mitkommen. Termine siehe www.dampf-eisbrecher-stettin.de. Auch das Feuerschiff ELBE 3 lohnt sich (Mi 12–17 Uhr, Sa 14–17 Uhr). Infos unter www.elbe3.org. Beides während der Sommersaison (April–Oktober).

Nuggis Elbkate · Museumshafen Övelgönne · Neumühlen 1 · 22763 Hamburg
Bus 112 bis Haltestelle Neumühlen/Övelgönne · HADAG-Fähre 62 bis Anleger Neumühlen/Museumshafen

ELBKATE Imbiss
TRE
NUGGIS ELBKATE

SCHLECHTELAUNEFRESSER
KUNST STATT DUNST
DER SPAßI
UND SEINE GESCHICHTE
Packungspreis
5,- €uro
Bei Störungen
0179 326 18 87
www.spassi.de

Kunst statt Dunst

65

Das schönste Hamburg-Souvenir kommt aus dem Zigarettenautomaten. In kleinen Schubladen, die Ungesundes bargen, versteckt sich ein freundliches Fabelwesen von der Waterkant. Jedes der Unikate wurde in einer Moorburger Manufaktur gefertigt. Zu finden am Elbufer in Övelgönne und Blankenese.

Früher warf man zehn Pfennig in einen Kaugummiautomaten. Man drehte klopfenden Herzens am Rad und mit viel Glück kam ein Fingerring heraus. Mindestens genauso froh macht der »Spaßi«. Was für ein Wesen es ist, darüber kann man grübeln. Ein Hund? Ein Papagei? Oder doch ein Elch? »Das ist der Spaßvogel«, antwortet die Künstlerin, Stefanie Lochner aus Moorburg. Eines Tages kam eine Schar Kinder in ihrer Werkstatt vorbei, um ihr ein schönes Stück Holz zu bringen. Sie begann Tiere daraus zu schnitzen, unter anderem dieses. »Du kannst ihn auch einfach Spaßi nennen«, erklärte sie einem staunenden Jungen. »Er ist ein sehr nützliches Tier, weil er Kummer und Sorgen vertreibt!«

Inzwischen kaufen auch 99-Jährige das Fabeltier und Stefanie Lochner fertigt es in Serie, unterstützt von Vater Dietmar, der selbst Künstler ist. Sie entwickelte die Figur weiter, verlieh jeder einen eigenen Charakter. Ein Geistesblitz, das Fabeltier in ausrangierten Zigarettenautomaten anzubieten. Flugs kaufte sie den Herstellern einige Automaten ab und platzierte sie am Elbuferweg in Övelgönne, am Strandweg in Blankenese und nahe der Werkstatt in Moorburg. Darin schlummert der »Spaßi« in verschiedenen Varianten. Er trotzt mit gelber Regenmütze dem Schietwetter oder kommt mit rosa Stöckelschuhen von der Reeperbahn. Er trägt eine St.-Pauli-Kapitänsmütze, präsentiert sich als Fischmarkt-Fan, als Smutje oder Jogger und hat noch viele andere Geschwister. Auch einen kultigen Elbchiller-Spaßi als Schlüsselanhänger gibt es. Eine der handgefertigten Holzfiguren bekommt, wer fünf Euro in den Automaten wirft und an einer der sechs Schubladen zieht.

Elbuferweg Övelgönne 4 · Strandweg in Blankenese (Segelclub BSC)
Kunsthandwerk Stefanie Lochner · Moorburger Elbdeich 212 · 21079 Hamburg
Tel. 0179/3 26 18 87 · info@spassi.de

66 Die Grotte unter dem Altonaer Balkon

Der Altonaer Balkon bietet prachtvolle Perspektiven und Ausblicke auf Ozeanriesen im Hamburger Hafen. Früher gedieh hier eine Parkkultur aus alten Bäumen, exotischen Blumen, Wasserfällen und Grotten. Heute kann man hier immer noch promenieren und Hamburgs Herz schlagen hören.

Es riecht nach Fisch und Meer auf der Aussichtsplattform am westlichen Ende der Palmaille. In der Ferne der Hafen, die Elbe, die Köhlbrandbrücke und die Harburger Berge. Ankommen am Altonaer Balkon ist wie Urlaub. Der Blick ist so schön, dass allen, die schon einmal zur See gefahren sind, das Herz wehtut und jedem anderen das Herz aufgeht.

Anfang des 19. Jahrhunderts wuchsen hier Feigen und Weintrauben an verschlungenen Wegen einer Parklandschaft und kamen im Nobelrestaurant »Rainville« als Dessert auf den Tisch. Der Dichter Ludwig Tieck rühmte den herrlichen Ausblick von diesem Gartenrestaurant auf die Elbe. Cesar Claude Rainville, französischer Emigrant, bezog 1798 das von C. F. Hansen erbaute Landhaus Abbéma mit großem elbseitigen Grundstück. Er baute es zu dem berühmten Restaurant nach französischem Vorbild aus und gestaltete den Bergabhang zu terrassenförmigen Gartenanlagen um, auf denen Hirten mit kleinen Schäfchen lagerten. Aus dieser Zeit existiert noch eine versteckte 1902 mit Kalkstein gebaute Grotte unterhalb des Altonaer Balkons. Auf der Höhe der Grotte strömte das Brunnenwasser heraus und fiel kaskadenartig den Hang hinab – eine Sensation in dem Lustgarten.

Als vor Jahren Bauarbeiten zur Sicherung des Elbhanges durchgeführt wurden, entdeckte man die Höhle, die die Stadt in den Achtzigerjahren zugemauert hatte. 2004 wurde sie restauriert und mit einer Treppe zugänglich gemacht.

Bruchstücke der künstlichen Grottensteine, die an die prächtige Vergangenheit erinnern, warten darauf entdeckt zu werden.

Altonaer Balkon und Kinderspielplatz · Kaistraße / Große Elbstraße · 22767 Hamburg
S 1 Altona · Bus 112 Elbberg

Der Kuppelblick vom Augustinum

67

Der aussichtsreichste Saal der Stadt liegt unter der Glaskuppel der Seniorenresidenz »Augustinum« in Övelgönne-Neumühlen. Auch das Restaurant »Café Elbwarte« befindet sich hier und ist an bestimmten Wochentagen für jedermann geöffnet. Der Blick schweift von hier weit über den gesamten Hafen und uferwärts.

Schon beim Betreten des Fahrstuhls hüpft das Herz: Ein gläsernes Außengefährt, mit dem die Elbwarte unter der Kuppel erreicht wird – Schwindelfreiheit vorausgesetzt. Das letzte Stockwerk ist zu Fuß zu erklimmen, etwa 50 steile Stufen in den 13. Stock zur großen gläsernen Kuppel im Restaurant »Café Elbwarte«. Auf der Balustrade im Freien atmet man Nordseeluft. Der fantastische Blick geht zur Elbphilharmonie auf der einen und weit die Elbe abwärts auf der anderen Seite.

Neumühlen war bis 1889 ein selbstständiges (zweizeiliges) Dorf, und der Fabrikant J. D. Lawaetz schaffte schon 1703 etliche Arbeitsplätze. Wohnstift Augustinum bildete den monumentalen Abschluss der Hafenanlagen und zugleich Eingangspylon für den Hamburger Hafen von der See. Bis in die Siebzigerjahre war das fensterlose Originalgebäude mit herbem Charme das »Kühlhaus Union« (Elingius & Schramm 1924). Im Zuge des Neumühlen-Wettbewerbs 1986 begann das Architektenbüro GMP die Mauern des ursprünglichen Gebäudes aufgrund statischer Probleme abzureißen. Ein Neubau in ähnlicher Form wurde genehmigt und 1993 fertiggestellt. Die untersten beiden Stockwerke sind flutsicher. Bei Hochwasser wird alles verschlossen. Durch einen Versorgungstunnel ist Belieferung oder Flucht möglich. So wirkt das Augustinum wie eine moderne Festung, bietet Schutz, Hafenweitblick und kulinarische Köstlichkeiten. Somit wird alles geboten, was man für den Ruhestand oder einen entspannten Ausflug benötigt.

▶ **Im Winter bei Sonnenuntergang kann man den herrlichen Rundumblick über die Elbe besonders genießen und sich im Warmen ganz und gar den leiblichen Genüssen hingeben.**

Wohnstift Augustinum · Di, Do, Sa, So von 15–18 Uhr ist das Restaurant Elbwarte für die Öffentlichkeit geöffnet, Öffnungszeiten können sich ändern, vorher informieren
Neumühlen 37 · 22763 Hamburg · www.augustinum-hamburg.de
Bus 112 oder HVV-Fähre 62, fährt alle Viertelstunden, Ausstieg Neumühlen / Övelgönne

68 Der Bauernhof von Ottensen

Etwas »Ottenser Wildblüte« zum Frühstück gefällig? Die Bienenstöcke auf dem Dach der Motte e.V. machen es möglich. Auch der krähende Hahn gehört in Altona zur Nachbarschaft. Ein kleiner Bauernhof behauptet sich im Häusermeer.

Über den gepflasterten Straßen mit ihren Szene-Cafés, Kneipen und Geschäften wohnt ein Völkchen, das ausschwärmt, um Nektarquellen aufzusuchen. Genau genommen sind es mehrere Bienenvölker, die auf dem Dach des Ottenser Kulturzentrums »Motte« ihren Platz gefunden haben. Bis zu drei Kilometer weit fliegen sie, bis nach Planten un Blomen oder in die Elbvororte, jede Blüte der Großstadt birgt kleinen Reichtum. »Es ist gerade die urbane Vielfalt, die den Bienen optimale Sammelbedingungen bietet«, weiß Imker Georg Petrausch, »während auf dem Land oft Monokulturen dominieren, gibt es in der Stadt ein breites Angebot an blühenden Pflanzen und Bäumen.« Hier ein Rosenstock im Vorgarten, da Lindenblüten im Park, dort Blumenkästen auf Balkonen. Wiesenblumen auf Spielplätzen und Grünflächen. Von einer Blüte zur völlig anderen können Hamburger Bienchen wandern. »Schadstoffbelastet«, hört man den bewussten Verbraucher munkeln. Befremdlich erscheint der Gedanke, sich Honig auf das Brot zu träufeln, dessen Produktion etwa auf einer Verkehrsinsel begann. Dabei ist es genau andersherum: Stadthonig dient der Arterhaltung und ist genauso gesund wie Landhonig. Die Bienen reinigen den Nektar, und das Wabenwachs entzieht dem Honig die unerwünschten Stoffe.

Schon mit dem Hühnerhof, der 2011 sein 25-jähriges Bestehen feierte, setzte die »Motte« ein Zeichen. Zeitweise musste sie dafür kämpfen, weil nicht alle Nachbarn es idyllisch finden, wenn frühmorgens der Hahn kräht. Inzwischen gelingt das Miteinander von Natur und Stadt. So ist auch der Honig vom Dach schnell ausverkauft. Mit Glück kann man die schmucken Gläser im Büro des Stadtteilzentrums Motte e.V. und in einschlägigen Ottenser Geschäften kaufen.

Motte e.V., Eulenstraße 43 · 22765 Hamburg · Tel. 040/3 99 26 20
www.diemotte.de · info@diemotte.de · Bahn und Bus Hamburg-Altona

Mottenburger Hühnertwiete
Tanzen hilft!
Stammplatz einer mit Beton und Abgas verfolgten Kleintierrasse, heldenhaft und opferreich verteidigt bis Dezember 3994

Ottenser Wildblüte
500 g
6,– €

Anno 1868
Gaststätte Möller
HOLSTEN
91

Die Gaststätte Möller

69

Warum eigentlich nicht? Sich mal wieder in eine richtig voll gequalmte Kneipe trauen. Beim Eintreten kräuseln sich erste Rauchwölkchen um die Nase. In der seit 1896 bestehenden Kneipe lässt es sich inmitten von Ur-Hamburgern gut schnacken. Vielleicht doch eine rauchen?

Im Dämmerlicht und der Wärme des dunkel gehaltenen Raumes stellt sich ein nostalgisches Gefühl ein. An der Decke schwanken alte Schiffsmodelle und hängen verstaubte Marionetten; auf dem Boden steht ein altes Holzschaukelpferd, an der Wand wartet eine Musikbox auf einen Gast mit dem passenden Musikgeschmack. Die Welt ist hier ein bisschen stehen geblieben. Reduziert auf die sinnliche Erfahrung, in Zigarettennebel, Wärme und Biergeruch für den Augenblick geborgen zu sein.

Manche nennen es Gemütlichkeit. Genauso können bei dem einen oder anderen Gast auch beklemmende Assoziationen aufsteigen. Zum Beispiel Erinnerungen an den Frauenmörder Fritz Honka, der in den 1970er-Jahren gern Korn mit gelber Brause in einer ähnlichen Eckkneipe auf dem Kiez trank, dem »Goldenen Handschuh«. Dort lernte er seine Mordopfer kennen, die er wenig später auf dem Dachboden zersägte. Glücklicherweise verkehrt hier ein anderes, bunt gemischtes Publikum. Viele kommen vom rauchfreien Mercado-Center um die Ecke, um endlich in aller Ruhe die geliebten Zigaretten zu genießen.

Seit dem Rauchverbot 2008 hatten Wirte in die Trickkiste gegriffen: Damit ihre Gäste weiterhin qualmen dürfen, gründeten sie Vereinslokale, in denen rauchen noch erlaubt war. Vor einigen Jahren wurde diese Auflage aufgehoben, solange das Lokal bis zu 75 Quadratmeter beträgt. Die Kneipe heißt jetzt »Gaststätte Möller« und nicht mehr Raucherclub Möller's. Der Chef Dieter Ostwald, selbst Nichtraucher, hat auf das Schild mit den Öffnungszeiten gekritzelt: »Solange ich Lust hab« – hier wird eben nicht nur Umsatz gemacht.

Gaststätte Möller · Tgl. ab 11 Uhr · Bahrenfelderstraße 93 · 22765 Hamburg
Tel. 040/39 22 57 · S-Bahnhof Altona
S 1 / 3 / 11 Bahnhof Altona

70 The Box: Design, Kunst, Literatur, Möbel und Café

Aus alt mach älter und doch wieder neu. In Ottensen wurden historische Fabrikanlagen nicht einfach aufgeräumt, sondern funktional neu gestaltet. Mit dem Borselhof begann 1989 der Siegeszug der Fabrikimmobilien als Adresse für Kreative.

Alte Gleise im Kopfsteinpflaster führen zum Borselhof, einer aufwendig sanierten und modern genutzten ehemaligen Reißmaschinenfabrik. In der Basilika, dem Herzstück, befand sich früher die Gießerei und bis 2012 ein Privattheater.

Nun hat hier »The Box« ein spannendes Konzept verwirklicht: fünf verschiedene Shops in einer Halle. Gegliedert durch eine filigrane Metallkonstruktion in ein Mittel- und zwei Seitenschiffe, eingefasst durch eine Empore und von einem großen Glasdach überspannt. Es harmonieren miteinander zwei Kunstgalerien (Schwerpunkt moderne Kunst, Fotografie und Skulptur die eine, internationale Jungstars die andere) mit einem Laden für Küchendesign, Klassiker-Möbel und Bücher sowie einem Café.

Bretter können bekanntlich die Welt bedeuten und da der Boden nicht »urig« genug aussah, wurde er noch mal herausgerissen, die nagelneuen Eichendielen mit rostigen Eisenstücken in eine große Waschtrommel geschoben, geschleudert, wieder ausgelegt, mit Öl begossen und angezündet. Durch diese Technik wirkt das Holz wie aus dem Jahr 1868, dem Gründungsjahr der Fabrik, und passt zum Charme der alten Halle.

»Zwischen Kopf und Kragen« heißt eine Serie von Veranstaltungen, die wiederkehrend hier stattfinden soll. In diesem offenen Format werden Gäste aus Kultur und Wirtschaft, Politik und Medien über ihre Arbeit und die Welt im Großen und Kleinen sprechen. Darüber hinaus stehen Jazzkonzerte, Lesungen sowie Buchvorstellungen auf dem Programm.

Fast ehrfürchtig steht man in diesen wunderbaren Räumlichkeiten, würde am liebsten verweilen, um abends an Designtischen zu speisen und nachts in eines der Betten in dem denkmalgeschützten Bau zu fallen.

The Box · Di–Fr 12–20 Uhr, Sa 10–18 Uhr · Borselhof / Borselstraße 16F · 22765 Hamburg
Tel. 040/39 90 62 14 · www.thebox-hamburg.com
Bus 2 / 37 / 150 Borselhof

Prana bar

71

Die Reitbahn

Ottensen war im 14. Jahrhundert ein eigenständiges Dorf. Ein wenig fühlt es sich noch immer so an, besonders Bei der Reitbahn. Hier gibt es das wahrscheinlich beste Eis Hamburgs und viele Gelegenheiten, die Leichtigkeit geselligen Herumstehens zu spüren. Um den Platz gruppieren sich kleine Wundertüten-Lokale.

Viele kommen nur hierher, um geduldig in der drei Häuser langen Warteschlange vor der »Eisliebe« zu stehen. Vielleicht liegt es am Namen, dass dabei alle lächeln und niemand ungeduldig mit den Füßen scharrt oder den Hintermann anpöbelt. Was an dem Eis besonders ist, bleibt ein Geheimnis. Spricht man die sich Vorfreuenden an, bekommt man heiteres Achselzucken als Antwort. Es ist einfach nur so unglaublich lecker. Womöglich liegt es aber auch etwas an dem Platz zwischen den Straßen Bei der Reitbahn, Eulenstraße und Große Brunnenstraße. Nahe dem Kemal-Altun-Platz, der inzwischen ein eigenes Straßenschild erhielt, befindet sich dieses lauschige Dreieck mit Bänken, eingerahmt von Fassadenzeilen besonderer Geschäfte. Die »Prana Bar« etwa ist kein Raum, in dem Getränke ausgeschenkt werden, sondern ein Laden für Vintage-Möbel der 1930–1970er-Jahre. Man darf sich auf die Sessel und Stühle vor der Tür setzen und einen mitgebrachten Coffee to go trinken. Dem »Café Pavillon« ist kaum anzusehen, dass es Samstagsabends eine Bühne für Livemusik entfaltet. Eine Entdeckung ist auch der lauschige Garten im Fair-Trade-Café »El Rojito«.

Wie es sich für einen anständigen Dorfplatz gehört, gibt es auch eine Kirche. St. Marien wurde 1891 eingeweiht, zu Zeiten, als Ottensen ein Arbeiterviertel war. Sie war zuvor eine Scheune und wurde nach Entwürfen des Hamburger Architekten Eduard Brettschneider in ein Gotteshaus verwandelt, wobei der Bischof von Osnabrück ein Wörtchen mitzureden hatte. Seit den 1970er-Jahren gehört der schmucke Backsteinbau den Franziskanern. Ottensen selbst wurde schon 1310 urkundlich erwähnt. Damals hieß es Ottenhusen und lag weit vor den Toren der Hammaburg.

Bei der Reitbahn · 22763 Hamburg · U- und S-Bahn / Bus Bahnhof Altona

72 Der Bonscheladen

Eine Erzieherin und ein Pädagoge fanden ihre Berufung in einem kunterbunten Laden in der Friedensallee. Noch nie gesehenes Naschwerk stellt ihr Team in Handarbeit her, und dabei kann man zuschauen. Der Name stand schnell fest. Schließlich heißen Bonbons bei uns in Hamburg »Bonsche«.

Der Duft, der aus der Tür dringt, ist süßer als Weihnachten und Ostern zusammen. Drinnen rollen, kneten und rühren freundliche Mitarbeiter, in großen Kupferkesseln dampft gelöster Rohrzucker. Jeder kann kommen und sich davon überzeugen, wie sich ein dicker Riesenbonbon in die Länge zieht und zu vielen fingerdünnen Rollen wird. Erkaltet und zerhackt, entstehen daraus Hunderte von kleinen Bonbons. An den glatten Bruchkanten leuchten klare Farben oder Bilder. Mal lächelt ein Smiley, mal verzaubert ein Herzchen, mal erinnert ein Anker an Hamburg. Es gibt Ahoi-Bonsche mit selbst kreierter Brause und Moin-Moin-Bonsche mit Rote-Grütze-Geschmack und so viele andere bunte Dinge, dass man sie kaum aufzählen kann. Sie stehen hier in großen Bonbongläsern und lassen sich nach Herzenslust in Tüten schaufeln wie früher im Kaufmannsladen.

▶ Im Bonscheladen gibt es auch »Fudge«. Diese Bonbons aus Sahne-Weichkaramell kennt man in Amerika und Großbritannien, in Deutschland sind sie nur selten erhältlich.

Der Bonscheladen hat natürlich auch eine Geschichte. Es waren einmal eine Erzieherin und ein Diplompädagoge, die sich aufmachten, um neue Perspektiven zu finden. Bei einem Besuch in Dänemark entdeckten sie eine Bonbonmanufaktur. Süße Dinge wurden dort vor den Augen der Kunden in Handarbeit gefertigt. Nun wussten sie, was zu tun war. Sie eigneten sich das nötige Fachwissen an, entwickelten Rezepturen und lernten das Bonbonmachen in der heimischen Küche. Heute stehen Andrea Bock und Uwe Sponnagel in ihrem »Bonscheladen« in der Friedensallee. Viele Kinder und Erwachsene finden, das war eine richtig gute Idee.

Bonscheladen · Di–Fr 11–18.30 Uhr, Sa 11–16 Uhr · Schauproduktion (kostenlos) Di–Fr 16.15 und Sa. 14.30 Uhr · Friedensallee 12 · 22765 Hamburg · Tel. 040/41 54 75 67 · www.bonscheladen.de
Bahnhof Altona

73 Mietküche im »Gasthof Möhrchen«

Rustikal speisen jenseits vom biederen Jägerhausambiente, das geht in Ottensen. Seit 2010 hat der Stadtteil den passenden Gasthof. Noch nicht sehr bekannt ist, dass man hier auch selbst braten und brutzeln kann, ohne hinterher aufräumen zu müssen. Wer Anleitung benötigt, bestellt den Lehrkoch mit dazu.

Die Idee entstand bei Dreharbeiten. Ulf Mahn und Frank Gautier, als Kamerateam für große TV-Sender unterwegs, setzten häufig Küchen in Szene. Weil beide auch gern selbst kochten, kannten sie das Problem. »In Großstädten hat ja kaum jemand Platz für mehr als zehn Personen, geschweige denn für so viel Besteck und Teller.« Man müsste, überlegten sie, eine Art Volksküche bauen, zu der jedermann Zugang hat, um mit vielen Gästen und Freunden zusammen kochen und essen zu können. Gesagt, getan. Ein leer stehender Laden auf St. Pauli wurde gemietet, ein riesengroßer Gasherd gekauft, außerdem Teller, Besteck und Gläser ohne Ende. Eine befreundete Tischlerin baute einen großen Tisch, fertig war »Gekreuzte Möhrchen«, die erste Mietküche für 20 Personen. Die Idee kam an und zog mit der Eröffnung des »Gasthofs Möhrchen« in ein zweites Lokal ein.

Menschen, denen die passende Kochzeile fehlt und andere Küchen-Heimatlose kommen an diesen Orten zusammen. Und weil nicht jeder auswendig weiß, wie etwa »Stilton mit Portweinreduktion und Traube« zubereitet wird, lässt sich das Ganze auch als Kochkurs buchen. Andere sitzen vorn im »Gasthof Möhrchen« und bekommen solche Gerichte in gewohnter Weise serviert. Auf der großen Tafel stehen Empfehlungen der Küche wie Gebratener Zander oder Keule vom Salzwiesenlamm. Regionale Spezialitäten, zubereitet aus marktfrischen Produkten, lautet die Philosophie des Hauses. Dazu dezentes Licht, Gemälde an den Wänden und Silberbesteck. Ein echter Gasthof kombiniert mit einer Volksküche und WG-Gefühl, wenn man möchte. Das sollen die Jägerhäuser erst einmal nachmachen.

Gasthof Möhrchen · Mo–Fr 12–24 Uhr, Sa 18.30–24 Uhr · Spritzenplatz 4 · 22765 Hamburg
Tel. 040/41 35 81 74,www.gasthofmoehrchen.de · Café Gekreuzte Möhrchen · Bernstorffstraße 89
22767 Hamburg · Tel. 040/4 39 70 94 · www.gekreuztemoehrchen.de
Bahnhof Altona

Die Heilkräuter im Jenischpark

74

Der Blick geht weit über sanft gewelltes Grün, unten glitzert die Elbe. Unter Baumkronen sitzen Menschen auf Picknickdecken. Groß und herrschaftlich kennt man den Jenischpark. Eine Frau hat es sich zur Aufgabe gemacht, Besuchern das Kleine näherzubringen.

Was nach Grasland aussieht, birgt ungeahnte Kräfte. Zum Beispiel den Gundermann, der Schnupfen beseitigt und Entzündungen hemmt, oder den Giersch, der reich an Vitaminen ist. Zu jeder Blüte, jedem Blättchen, das aus dem Gras lugt, weiß Daniela Wolff etwas zu berichten. Die Heilpraktikerin führt zu kleinen Naturwundern, die der Jenischpark in verschwenderischer Vielfalt bereithält. Jede Tour hat ein eigenes Thema, zu dem man auch Hintergründiges erfährt, etwa, dass der Ausruf »Ach du grüne Neune!« von einer stärkenden Suppe stammt oder Seemännern ein Kraut gegen Skorbut gewachsen war. Zum Abschluss gibt es Kochrezepte. Bald brodeln auf dem heimischen Herd Wildkräuter-Smoothies, Erkältungstees, oder ein Gebräu, das aus Nerven Drahtseile macht.

Schon Caspar Voght (1752–1839) sah das Besondere im Flottbek-Tal, einer Landschaft, die im Dreißigjährigen Krieg weitgehend entvölkert worden war. Der Kaufmann, Landwirt, Gartenkünstler und Gentleman erwarb 1785 umliegende Ländereien mit ihren Höfen. Beeindruckt von seinen Reisen nach England und Schottland gestaltete er sie nach dem Vorbild der Ornamented Farm »The Leasowes« des Dichters William Shenstone. So entstand ein Mustergut, in der landwirtschaftliche Nutzflächen und Parkästhetik harmonierten. Im Jahr 1828 verkaufte Voght das Anwesen an den Hamburger Bankier und Senator Martin Johann Jenisch. Deshalb darf der Park nun seinen Namen tragen, während der Baron mit einer Straße vorliebnehmen muss.

▶ **Ralphs Kiosk ist eine Café-Idylle zwischen Schaugewächshäusern und Jenisch-Haus. Es gibt hausgemachte Kuchen, Herzhaftes mit Bio-Fleisch und gute Tropfen vom Weingut.**

Ralphs Kiosk im Jenischpark · Baron-Voght-Str. 50a · 22609 Hamburg. · Kräutertouren mit Daniela Wolff · Tel. 0151/15 38 49 15, 044 61/7 43 28 78 · www.beifussfrau.de · S 1 / S 11 Klein Flottbek

Der Garten der Reemtsmas

75

Den Namen kennt man doch irgendwoher. Genau, er verdiente Millionen mit Pflanzen, die in Rauch aufgehen. Sein Sohn wurde entführt und glücklicherweise wieder freigelassen. Uralte Bäume und der Badeteich des Zigarettenkönigs gehören heute zu einer Grünanlage, die nur wenige Spaziergänger finden.

In Othmarschen ist es wie beim Brettspiel. Wer ein Grundstück in der Parkstraße besitzt, hat ausgesorgt. So jemand war Philipp Fürchtegott Reemtsma (1893–1959), seinerzeit führender Zigarettenfabrikant. Er ließ einen Landsitz gestalten, der als Meilenstein der Hamburger Architekturgeschichte gilt, ein Vorreiter in der Epoche des Neuen Bauens und das wohl teuerste Privathaus der Weimarer Republik. Nach heutiger Rechnung flossen 18 Millionen Euro in das Gebäudeensemble, zu dem unter anderen ein Reitstall, Gewächshäuser und ein Hühnerhof gehörten.

Die Reemtsma-Villa in der Parkstraße 51 wurde von dem Architekten Martin Elsaesser entworfen. In den 1930er-Jahren nannte man sie auch »Haus K. in O.« (Haus Kreetkamp in Othmarschen), denn zur Südseite hin grenzt das Anwesen an die Straße selbigen Namens. Hier befanden sich der hauseigene Reitgarten und der Tennisplatz, ein Rosenhof mit Teehaus und ein Badeteich mit Sandstrand. Das Gewässer ist noch immer dort, nun mit Seerosen bewachsen und von Schilf umstanden. Man findet Ruhe in diesem zugänglichen Teil des Reemtsma-Parks und schöne alte Bäume. Am Teich stehen eine Sumpfeiche, eine große Platane und Zypressen; im Norden des Geländes wachsen drei Urweltmammutbäume. Der Landschaftsgärtner Leberecht Migge (1881–1935) gestaltete die Gartenanlage. Zu erreichen ist sie von der Holztwiete aus. Ein lohnender Spazierweg führt daran vorbei und mündet in die Parkstraße. Die Reemtsma-Villa steht seit 2004 unter Denkmalschutz. Sie gehört nun der Milliardärsfamilie Herz. Vielleicht sitzen die Brüder Michael und Wolfgang am Küchentisch und spielen Monopoly. Hoffentlich streiten sie sich nicht wieder.

Reemtsma-Park · Holztwiete, Hamburg-Othmarschen
S 1 / 11 Othmarschen

76 Freibad Finkenwerder

Auf der nördlichen Elbseite gibt es viele schöne Plätze zum Schiffegucken. Spätestens bei Sommerhitze aber fehlt etwas: das Wasser. Nicht vor der Nase, nein, auf der Haut. Hineinspringen und ein paar Runden kraulen. Stoßseufzer. Na ja, man kann nicht alles haben. Kann man doch: im Freibad Finkenwerder.

Es gibt nur ein Außenbecken mit einer kleinen Rutsche und einem kleinen Sprungturm. Und ein Kinderplanschbecken. Kein Zehn-Meter-Brett, keinen Multi-Spaßbereich mit Pilzen, die Wasser sprühen und Blubberkanälen, aber solche Dinge braucht das Freibad Finkenwerder auch nicht. Sie würden gar nicht wahrgenommen, denn die Bühne gehört der Elbe. Vor Becken und Liegewiesen ziehen Containerriesen und Kreuzfahrtschiffe vorbei, während man selbst in Rückenlage auf dem erfrischenden Nass treibt.

Das Freibad Finkenwerder umfasst 20 000 Quadratmeter Liegefläche, der Außenpool hat immerhin 50 Meter Länge, und wer tatsächlich keine Schiffe mehr sehen möchte, geht in den halb so großen Innenpool. Hierher kommt man am besten selbst mit dem Schiff. Die Hafenfähre legt in Teufelsbrück, nach wenigen Minuten in Finkenwerder an, und dann sind es nur noch 500 Meter. Gegenüber steht das Lotsenhaus Seemannshöft. In dem 1914 errichteten Backsteinbau sind die Hafenlotsen, der Schiffsmeldedienst und die nautische Zentrale zu Hause. Während man drüben auf Kräne guckt, schlägt hier das Herz des Hafens, gewissermaßen. Ohne Lotsen kämen die großen Pötte gar nicht so weit. In mancherlei Weise also ist das Freibad Finkenwerder mit Orten wie der Strandperle vergleichbar, mit Gras statt Sand, mit erquickendem Nass, dafür ohne Kult. Aber der kann ja noch kommen.

▶ **Anschließend Finkenwerder Scholle essen. Die Spezialität wird traditionell mit Speck oder Nordseekrabben zubereitet und meist mit Kartoffelsalat serviert. Es gibt sie zum Beispiel im Restaurant »Finkenwerder Elbblick« (Focksweg 42). www.finkenwerder-elbblick.de**

Bad Finkenwerder · Sommer Mo–Do 10–20 Uhr, Fr 8.30–20 Uhr, Sa/So 10–18 Uhr · Finksweg 82
Tel. 040/18 88 90 · www.baederland.de
Schiff: Linie 64 ab Teufelsbrück, Linie 62 ab St. Pauli Landungsbrücken

77 Outdoor-Yoga auf dem Ponton op'n Bulln

Die schwimmende Plattform am Blankeneser Strandweg versetzt umgehend in einen Kurzurlaub. Sonnenuntergänge wie am Meer, schmucke Segelboote und Lachsfrikadellen bei einem Glas Rosé. Morgens kann man hier unter professioneller Anleitung einen Kopfstand machen.

Acht Uhr früh in Blankenese: Hundebesitzer und Jogger laufen der Morgenröte entgegen, Containerschiffe ziehen vorbei, eine Lachmöwe begrüßt den neuen Tag. Auf der Aussichtsplattform des Fähranlegers verharren Menschen in besonderen Positionen. Sie haben entspannte Gesichter und atmen tief. »Die aufgehende Sonne, die frische Luft und das Gefühl von Weite verleihen den Übungen eine besonders tiefe Wirkung«, erklärt Yogalehrerin Petra »Padmini« Pelzer. Im Wechsel mit ihrer Kollegin Lola »Lalita« Rüppel unterrichtet sie auf dem Ponton op'n Bulln. Sein Name stammt von einer Schute, die ab 1842 als Fähranleger diente und den Namen »Bulln« trug.

▶ Zum Kaffeetrinken und Genießen ist das gleichnamige Café-Restaurant »Ponton op'n Bulln« der schönste Platz. Hervorragende Küche, das gilt auch für die Snacks. www.pontonopnbulln.kajuetesb12.de

Inzwischen kennt man die gelenkige Gruppe. Die Wasserschutzpolizei grüßt regelmäßig, auch das Fährpersonal ruft den Kopfstehenden gern mal etwas zu. Anfangs, erinnert sich Padmini, waren es eher spöttische Bemerkungen: »Nun bloß nicht umfallen!«, schließlich ruckelt der Ponton bei jedem Anlegemanöver. Verwundert über die »Verrenkungen« äußerten sich ältere Damen, die gekommen waren, um die »Queen Mary« zu sehen. Normalerweise aber bleibt es ruhig und beschaulich bei der morgendlichen Yogastunde. Die besondere Stimmung spüren selbst die Arbeiter, wenn sie am Ponton zugange sind: Sobald Padmini und Lalita mit indischen Versen die Yogastunde eröffnen, lassen die »Fischerslüüd« für einen Moment den Nagelhammer ruhen.

Y8 Outdoor-Yoga · Mai–Okt. Mo und Do ab 8 Uhr, wann immer das Wetter es zulässt.
Kleiner Kielort 8 · 20144 Hamburg · Tel. 040/41 42 45 46 · www.elbyoga.de
S 1 / S 11 Blankenese, von dort zu Fuß oder mit Buslinie 48 (»Bergziege«), bis »Blankenese, Fähre«

LANGNESE

VITALIS
Nesquik
Caro

78

Der Treppenkrämer

Man nehme eine Prise Tante Emma, gebe Bistro-Flair hinzu und fülle es mit liebenswerten Dingen. Heraus kommt das wohl kuscheligste Café-Lädchen Hamburgs, Rettung bei verpassten Wochenendeinkäufen, Sehnsucht nach Klönschnack und Appetit auf die weltbesten Torten. Es versteckt sich und ist doch so leicht zu finden.

Das Blankeneser Treppenviertel ist ein verwunschener Ort. Ähnlich wie das Änderhaus in Michael Endes *Unendlicher Geschichte* verändert es sich nämlich unbemerkt. Immer wieder überrascht es keck mit neuen Treppchen und Gässchen. Sie nehmen einen mit in verborgene Winkel, während sich die Treppe, die hineinführte, in ein Rosengärtchen oder Balkönchen verwandelt. So entdeckt man Orte wie den »Treppenkrämer«. Morgens stellt Inhaberin Brigitte Sandtner eine Tafel an den Elbstrand, damit Spaziergänger auch den direkten Weg finden.

Der Familienbetrieb gehört zu einem alten Fischerhaus von 1870. Ab ungefähr 1900 lebte dort Marie Stehr. Ihr Vater baute den kleinen Laden vor das Wohnhaus, um dort seinen Fischfang zu verkaufen. Nach dem Zweiten Weltkrieg wechselte der Besitzer, es gab Obst und Gemüse. Dann war der Laden geschlossen, bis Heikko Sandtner ihn bei einem Elbspaziergang entdeckte. 2005 eröffnete er zusammen mit seiner Frau das kleine Krämercafé. Es rettete schon manchem Blankeneser das Wochenende, weil es hier auch Milch, Eier, Zucker, Mehl, Joghurt und Aufschnitt gibt.

Andere kommen zum »Treppenkrämer«, um in den reich bestückten Regalen zu stöbern: Man findet Tees, Sekt und Bonbons, Blankenese-Souvenirs, Matchbox-Autos und Antiquarisches. Es gibt Torten und Suppen aus eigener Herstellung, frisch zubereitete Fischbrötchen und Kaffee. Wer am Wasser sitzen möchte, bekommt alles »to go« und darf einen Stuhl mitnehmen zum Elbstrand. Bei Regenwetter rückt man im Café zusammen. Zum Glück weiß das Treppenviertel, dass es diesen Ort nicht verändern darf und lässt ihn brav in der Hans-Lange-Straße 23.

Treppenkrämer. Sommer (Ostern–Nov.) Fr. 12–20 Uhr, Sa und So und Feiertage 9–20 Uhr, Winter (Nov. –Ostern), Sa. 10–18 Uhr, So und Feiertage 9–18 Uhr · Hans-Lange-Straße 23 · 22587 Hamburg
S 1 / S 11 Blankenese, von dort mit Buslinie 48 (»Bergziege«), bis zur Station »Krögers Treppe«

79 Elbterrasse und Fischerhausmuseum

Ruhepol im Auf und Ab: Im Treppengeflecht des alten Fischerdorfes gibt es eine lohnende Waagerechte. Die Elbterrasse bietet weiten Blick und wunderschöne Fotoperspektiven. Ein kleines Museum berichtet über vergangene Zeiten.

Die weiße Bank mit der schönen Aussicht hat man meist für sich. Obwohl die Elbterrasse nahe am Strandweg liegt, kommen nur wenige Promenierende herauf. In allen Himmelsrichtungen sieht es hier hübsch aus: Im Süden glitzert die Elbe, im Westen entschwindet der Weg in den Hang, im Osten wächst das Treppenviertel fast bis in den Himmel. Wer sich nach Norden wendet, blickt direkt auf das reetgedeckte Dreehus mit seinem grünen Garten. Es ist eines der ältesten Häuser von Blankenese und beherbergt das Fischerhausmuseum.

In den Räumen wird verständlich, was es bedeutet, etwas »auf die hohe Kante« zu legen. Ausgestellt ist eine Truhe mit einem Fach für gesparte Groschen und Thaler. Auch Kieken sind zu finden, mit Holzkohle betriebene Tage-Öfen, die sich Frauen als Wärmespender unter die Röcke schoben. Etliche Blankeneser stellten auch ihre Hauben aus Familienbesitz zur Verfügung, um der Nachwelt zu zeigen, wie sich Alltags-, Nacht-, Kinder-, Festtags- und Trauerhauben unterschieden. Ein anderer Raum präsentiert einen echten Säbel und einen Schwedenstiefel aus schwerem Leder. Beides wurde um 1840 bei Ausschachtungsarbeiten auf dem Süllberg gefunden. Die Exponate stammen vermutlich aus dem Nordischen Krieg (1700–1721).

Legendär ist die Tischflagge der Cap Horniers. Allen, die sich an diesem Stammtisch trafen, war die Umsegelung des südamerikanischen Caps geglückt. Sie entkamen damit dem weltgrößten Schiffsfriedhof, auf dem mehr als 10 000 Seeleute ein nasses Grab fanden. Die Hamburger Cap Horniers trafen sich wöchentlich auf dem Anleger Op'n Bulln und später im Schifferhaus. Die Tischflagge zeigt ihr Symbol, den Albatros.

Fischerhausmuseum Blankenese · Mai–Okt. jeden ersten Sonntag im Monat 14–17 Uhr
Besuche sind auch zu anderen Zeiten nach Absprache möglich · Eintritt frei
Elbterrasse 6 · 22587 Hamburg · Tel. 040/86 40 53 · S 1 / 11 Blankenese

Das Fischerhaus

Die Wracks von Blankenese

80

Spaziergänger kennen die düster anmutenden Schiffsüberreste, die vor dem Strandweg aus dem Wasser ragen. Viele kommen jedoch zum verkehrten Zeitpunkt vorbei. Erst bei Ebbe gibt die Elbe ihre Geheimnisse preis, und es eröffnen sich ungeahnte Perspektiven.

Ein Drama spielte sich am 19. Dezember 1975 vor Wittenbergen auf der Elbe ab. Der Frachter »Mieczslaw Kalinowski« läuft auf falschem Kurs. Wie aus dem Nichts taucht der Bug der »MS Widau« vor ihm auf. Ihr Kapitän hat keine Möglichkeit auszuweichen. Durch die Kollision wird sein Küstenmotorschiff abgedrängt und stößt mit dem heranfahrenden Binnenmotorschiff »Uwe« zusammen. Beide Schiffe sinken, drei Seeleute kommen ums Leben. Drei Monate später kann die »Widau« komplett geborgen werden. Die »Uwe« aber ist in zwei Teile zerbrochen.

Mit einem Hebeponton der Bergungsfirma Taucher Ottar Harmstorf gelang es, Reste des Bugs aus dem Wasser zu bergen und zerlegt abzutransportieren. Das schwerere Heck schleppte man vor das damalige Firmengelände am Falkensteiner Ufer. Dort liegt es noch immer. Aufrecht ragt es aus der Elbe, als sei das Schiff gerade erst im Begriff zu versinken. Nur 30 Meter weiter steht eine dunkle Wand im Wasser. Es ist das, was von der »Polstjernan« übrig blieb, einem finnischen Viermastschoner, der 1926 im Nord-Ostsee-Kanal in Brand geriet. Die Bergungstaucher beförderten ihn nach Blankenese, wo sein hölzerner Rumpf seither als Wellenbrecher dient. Bei Ebbe kann man ihn umrunden und spannende Dinge entdecken. Hölzerne Planken, Kupfernägel, sogar die Schiffsschraube tritt aus dem Elbsand hervor. Die großen Metallteile stammen von einem U-Boot. Sie wurden in den Schiffstorso gesetzt, damit er bleibt, wo er ist. Vor Blankenese lagen einst Teile von sechs versunkenen Schiffen.

▶ Wann an der Elbe Ebbe ist, verkündet zum Beispiel das Bundesamt für Seeschifffahrt und Hydrographie: www.bsh.de (unter Sport und Freizeit >Gezeiten >Hamburg, St. Pauli).

Blankenese · Am Strandweg zwischen Falkensteiner Ufer und Wittenbergen
Bus 48 (»Bergziege«) bis Falkensteiner Ufer

81 Elbe Camp Wittenbergen

Hamburger haben es gut. Während andere für ein Campingwochenende quer durch die Republik fahren müssen, gelangt man hier nach kurzer Radtour in ein Paradies am Elbufer. Auch ohne Zelt oder Wohnwagen ein lohnendes Ziel.

Das erste, was die meisten vom Elbe Camp sehen, ist Garip Yavuz. Er trägt einen zerknautschten Hut auf dunklen Locken und sagt Sätze wie »Ich verbeuge mich vor dem Leben in voller Dankbarkeit«. Er schaut den Menschen auf den Herzensgrund und hat einen Adlerblick für das, was im Leben wichtig ist. Ersatz für einen Lenkdrachen finden, zum Beispiel, damit Kindertränen versiegen. Oder ein vergessenes Zelt organisieren, ein Lagerfeuer zum Lodern bringen, einen Wohnwagen mit dem Traktor ziehen. Seit 2006 leitet er den Campingplatz, seitdem wachsen hier bunte Schilder mit freundlichen Botschaften, es gibt Feuertonnen und Fahrräder, WLan und, wie der Betreiber betont, »sogar ein elektronisches Anmeldeformular«.

Hinter dem Elbe Camp steht der vor mehr als 100 Jahren gegründete Verein Kinderschutz und Jugendwohlfahrt e.V. Mit den auf dem Campingplatz erwirtschafteten Überschüssen werden Jugendcamps organisiert, für die ein eigenes Areal auf dem Platz eingerichtet wurde. Hier haben bedürftige sowie körperlich oder geistig behinderte Kinder und Jugendliche die Möglichkeit, ihre Sorgen für eine Weile hinter sich zu lassen. So ist jeder Gast so ziemlich automatisch Spender. Zuvor befand sich hier ein reiner Dauercampingplatz mit klassischer Parzellenstruktur. Garip ließ »Lkw-Ladungen von Waschbetonplatten« wegräumen und unbefestigte Wege anlegen. Die Gäste sollen sich treiben lassen können. Hinzu kamen nagelneue sanitäre Einrichtungen und ein Mitmachzirkus. Im Grill-Biergarten »Lukus« gedeiht Urlaubslaune bei chilliger Musik. Elbradler und Spaziergänger treffen auf Dauercamper und Wochenendabenteurer. Die Stimmung steigt beim hauseigenen Osterfeuer oder zum Public Viewing beim Länderspiel. Mittendrin grüßt, darauf kann man sich verlassen, Garip Yavuz.

Campingplatz Elbe Camp · Falkensteiner Ufer 101 · 22587 Hamburg · Tel. 040/81 29 49
www.elbecamp.de · Bus 189 Haltestelle Tinsdaler Kirchenweg · zu Fuß den Wittenbergenerweg runter, sich links halten bis zum Falkensteiner Ufer (10 Min.)

HAMBURG
CHEM.
TOILET
Elbe

Schiffsbegrüßungsanlage Willkomm Höft
Fine Dining im

BASF
Nationalhymnen auf
Compact Cassetten

Der DJ vom Willkomm Höft

82

Sehr wenige Menschen auf der Erde können Begrüßungskapitän werden. Schließlich gibt es nur in Wedel ein Willkomm Höft! Eckhart Bolte legt für die ein- und auslaufenden Schiffe eine Hymne auf und unterhält die Gäste über das Mikrofon. Ein nautischer DJ im 2012 trendig umgestalteten Schulauer Fährhaus.

Geblieben sind die alten Musikkassetten. Von Algerien bis Zimbabwe reihen sich die Nationalhymnen auf den fein säuberlich beschrifteten Tonträgern. Auch das Schaltgerät stammt noch aus den 1960er-Jahren. Eckhart Bolte kann damit die Lautsprecherboxen einstellen, die Flagge dippen und die Mastbeleuchtung des »Willkomm Höft« zum Glühen bringen. Er ist der dienstälteste Begrüßungskapitän in Wedel. Wenn ein Schiff ein- oder ausläuft, spielt er die passende Hymne zur Flagge. Nach jedem Lied nimmt er das Mikrofon und erzählt etwas über Tonnage und Tiefgang, das Baujahr und Ziele, die Fernweh wecken. Dabei helfen ihm 17 000 Karteikarten und der tägliche Hafenbericht, neue Monitore und eine Webcam auf dem Dach.

Mehr als 30 Jahre lang hatte Eckhart Bolte selbst Schiffe gebaut und verkauft: als Zinnguss-Modelle im Wiking-Maßstab. Als der Ruhestand kam, wurde er Begrüßungskapitän. Seit 2001 steht er auf der Brücke des »Willkomm Höft«, in schneidiger Uniform und mit Weite im Blick. Die Tür ist offen, damit Gäste Fragen stellen und Ansichtskarten kaufen können. Eckhard Bolte erzählt dann von seltenen Schiffen, wie jenem aus dem mongolischen Ulaanbaatar, für das es keine passende Hymne gab. Oder von dem kolumbianischen Schulschiff, dessen Besatzung in der Takelage in den Nationalfarben als lebende Flagge grüßte.

Gegründet wurde das »Willkomm Höft« von Otto Friedrich Behnke (1899–1964). Er hatte als Kind am Elbstrand den Schiffen gewunken, doch es kam kein Gruß zurück. Er nahm sich vor: »Wenn ich groß bin, mache ich eine Schiffsbegrüßungsanlage!« 1952 machte er Ernst und wurde fortan nie mehr übersehen.

Schulauer Fährhaus · Mo–So 11–23 Uhr (bei Veranstaltungen open end), So und feiertags Frühstücksbuffet 9.30–12 Uhr · Schiffbegrüßung tgl. 9–20 Uhr, bei Kreuzfahrtschiffen bis Sonnenuntergang) · Parnaßstraße 29 · 22880 Wedel · Tel. 041 03/9 20 00
www.schulauer-faehrhaus.de

83 Die Samtstühle der »Batavia«

Ein ganzes Theater passt in den Maschinenraum eines ehemaligen Flusskanonenbootes. Das hat Kapitän Grabau längst bewiesen. Die »Batavia« in Wedel ist Kult. Damit sie es bleibt, kann man Pate eines roten Samtstuhles werden. Und damit ein Erbe der Hamburger Staatsoper retten.

Im Auehafen von Wedel liegt sie vor Anker, als einziges Schiff zwischen grünen Marschkoppeln. In ihrem Bauch spielen sich Dramen ab und Komödien, es wird zum Beispiel Jazzmusik oder Folk gespielt. Pippi Langstrumpf ist seit einem Vierteljahrhundert mit an Bord. Im Sommer gibt es Open-Air-Kino unter einer Million Sternen. Nach vielen Irrfahrten fand die »Batavia« hier ihre friedliche Bestimmung. Sie war 1892 in Stettin für die Kaiserliche Marine gebaut worden, als Flusskanonenboot namens »Vaterland« in China unterwegs und im Zweiten Weltkrieg wieder in Hamburg eingetroffen. Nach einem Bombenangriff versank sie in der Elbe und tauchte neun Jahre später wieder auf. 1972 kaufte Hannes Grabau das Schiff. Er taufte es auf den Namen »Batavia« und machte ein schwimmendes Theater daraus, mit Gaststätte und einer kuscheligen Bar im Entree.

▶ Bei der »Batavia« beginnt einer der Wege in die Wedeler Marsch. Von hier aus geht es bis an die Elbe und noch viel weiter. Ein Paradies für Skater, Radfahrer und Spaziergänger.

Bei den Vorführungen nehmen die Gäste Platz auf rotem Samtgestühl aus den 1950er-Jahren, einem Geschenk der Hamburger Staatsoper. Sehr viele begeisterte Zuschauer hat jeder Einzelne von ihnen schon getragen. Weil man es ihnen ansieht, lässt Kapitän Grabau sie Stück für Stück restaurieren, das aber kostet viel Geld. Darum hat er sich etwas einfallen lassen. Wer möchte, kann Stuhlpate werden. Zum Dank wird der Name des Spenders für alle Ewigkeit in Messing geschlagen. Und wenn alle Stühle wieder rotsamtig den Bühnenglanz untermalen, gibt es ein rauschendes Fest mit allen Künstlern.

Theaterschiff Batavia · Broocksdamm 1 · 22880 Wedel
Tel. 041 03/858 36 · www.batavia-wedel.de
S 1 bis Wedel, von dort ausgeschildert

BATAVIA
BATAVIA
THEATER JAZZ CABARET
HOPPE

84

Strandbad Wedel

Eine Bucht, halbrund geschwungen wie im Bilderbuch. Ein breiter Strand mit feinem, hellem Sand. Palmen und tropische Drinks. Nein, wir sind nicht in der Karibik, sondern in Wedel an der Elbe. Zwischen Schulauer Hafen und Tonnenhafen liegt ein kleines Paradies.

Fast wie am Meer fühlt man sich in der weitläufigen Elbe-Bucht. Man muss wissen, dass es sie gibt, denn von der Straße aus sind nur Bäume zu sehen. Dahinter gibt es einen großen Spielplatz mit Matschanlage und anderen besonderen Geräten, sowie Grills für das mitgebrachte Würstchen. Geradeaus lugt der Strand durch die Zweige. Rechts, also westlich des Strandbades, grüßt der alte Wedeler Tonnenhafen. Er ist seit 1928 in Betrieb. Damals bestand er aus einer Slipanlage und Werkstatteinrichtungen für die Tonnen, Leuchtfeuer und Schiffe. In der Stackmeisterei werden noch heute die Pegelanlagen und Wasserstandanzeiger überwacht. Die früher üblichen Profilpeilungen mit Peilstock und Peillot wurden durch moderne Echolotpeilungen ersetzt. Dazu baute man eine moderne Anlage auf dem Peildampfer des Amtes ein.

Alle, die lieber in die Südsee möchten, wenden sich gen Osten, also nach links. Im »Beachlub 28 Grad« sitzt man unter Bambus oder in großen beschirmten Körben und träumt mit Blick in den Caipirinha. Die Brandung murmelt etwas von fernen Ländern, mal legt sie sich weit über den Sand, mal weicht sie zurück und gibt eine Schlickwelt frei. Auch von ihrer Kraft erzählt sie, von Gezeiten und Strömungen. Darum bleibt es beim Planschen und Erfrischen, aber das macht nichts, dafür gehen hier viele andere Dinge: Schlickrutschen, Burgen bauen und den Optimisten beim Segeltraining zuschauen.

▶ **Wer doch mehr Meer möchte: Direkt um die Ecke, am Wedeler »Willkomm Höft«, legt ein Speed-Katamaran ab, der in drei Stunden nach Helgoland fährt. Ein Tag auf der Nordsee! Infos unter www.helgoline.de**

Strandbad Wedel · Beachclub 28 Grad · Hakendamm 2 · 22880 Wedel
www.28grad.net · S 1 Wedel

85 Das Reepschlägerhaus

Auch in Wedel gab es eine Reeperbahn. Geblieben ist das 1758 erbaute Handwerkerhaus der Seiler, die Taue für Großsegler herstellten. Heute beherbergt es eine urgemütliche Teestube und ist von einem barocken Garten umgeben.

Wer in Wedel Tee trinken, nett plaudern oder kulturellen Austausch pflegen möchte, geht in die Schauenburgerstraße. Das Haus Nummer vier empfängt seine Gäste mit liebevoll restauriertem Fachwerk zwischen knorrigen Bäumen. Unter Holzbalken führt eine originalgetreu ausgestattete Diele in die gute Stube. Dort gibt es außer Tee und anderen Getränken auch Kuchen, Eis und kleine Speisen. Bildende Künstler, Musiker und Autoren stellen ihre Werke vor.

Noch bis 1964 diente das Haus der Reepschlägerei, dann verstarb Louis Warncke. Er hatte hier zusammen mit seinem Bruder Carl gewohnt und gearbeitet. Die beiden waren in Wedel die letzten ihrer Zunft. Lange blieb es still in den Räumen. Das Haus, das der Stadt Wedel gehört, sollte abgerissen oder verkauft werden. Seit 1971 setzt sich eine Bürgerinitiative für den Erhalt ein, unterstützt von der oberen Kieler Denkmalschutzbehörde. Nun kümmert sich der Förderkreis Reepschlägerhaus e.V. um das Haus, das von 1976 bis 1977 renoviert wurde. Seitdem betreibt Werner Wietek die Teestube. Sie wurde behutsam in die denkmalgeschützten Mauern integriert. Historische Bauelemente wie Alkoven, »Utlucht« und »Trallentür« harmonieren mit dem Mobiliar. Warme Lichter und Kerzen schaffen Behaglichkeit, Blumenarrangements wandeln sich passend zu den Jahreszeiten. Die alte Reeperbahn gestaltete der Besitzer zu einem Garten im englischen Stil um. Die Farben Blau, Weiß und Rosa prägen sein in sich ruhendes Farbenspiel. Mit lauschigen Nischen und Sitzgruppen lädt er zum Verweilen ein, man lustwandelt zwischen Magnolienbüschen und einer Sammlung historischer Rosen. Ein barockes Ensemble mit Pavillon, Rosenrankgitter und ovalem Buchsbaumbeet spiegelt sich im Gartenteich.

Reepschlägerhaus · Teestube · Galerie, Konzerte und Lesungen · Di–Fr 16–22 Uhr, Sa und So 15–22 Uhr, Mo Ruhetag · Schauenburgerstr. 4 · 22880 Wedel
Tel. 041 03/8 50 57 · www.reepschlaegerhaus.de · S 1 Wedel

Die Carl Zeiss Vogelschutzstation

86

Die Wedeler Marsch hat sich zum malerischen Anziehungspunkt für Vögel und Ornithologen entwickelt. Sie liegt im Knotenpunkt des ostatlantischen Zugweges vieler Wasser- und Wattvogelarten.

Kühle klare Luft, ein Gefühl von Freiheit und die Vogelwelt zum Greifen nah erleben – das ist die Motivation eines jeden, der sich zur Carl Zeiss Vogelschutzstation inmitten der Kleientnahmestelle aufmacht. Etwa 15 Minuten benötigen Spaziergänger von der Gaststätte »Fährmannssand« aus. Kinder können sich hier erst einmal auf dem Abenteuerspielplatz oder bei Kaninchen, Ziegen und Ponys vergnügen.

Am Ziel präsentiert sich ein spannendes Schauspiel: Tausende von Zug- und anderen Vögeln sausen durch die Luft. Silber-, Graureiher, Gänsesäger, Weißwangengänse, Tafel-, Löffelenten und Kiebitze rasten auf den Marschwiesen und picken sich Winterspeck an. Bisher wurden 160 Arten, davon 80 Brutvögel, nachgewiesen. Das Wunderbare ist die ganzjährige Beobachtungsmöglichkeit, denn die Wedeler Marsch ist Durchzugs-, Rast- und Überwinterungsgebiet zugleich. Auf der großen Wasserfläche und dem feuchten Uferbereich wimmelt es im Frühling nur so von Kaulquappen, Fröschen, Würmern, Käfern, Echsen, Schlangen. Daran haben Austernfischer, Bekassinen und Säbelschnäbler ihre wahre Freude, während die Grünflächen und Inseln der angrenzenden Station heiß umkämpfte Nist- und Rastplätze sind.

Der Naturschutzbund (NABU), unterstützt von dem Hersteller Carl Zeiss Sports Optics, gestaltete 2006 einiges neu: Es gibt vier Beobachtungsstände am Ufer des Gewässers mit höhenverstellbaren Sehschlitzen. Durch die ausleihbaren Ferngläser kann man auch mal hautnah einen Exoten wie den Eisvogel vorbeihüpfen sehen. Anschaulich klären Schautafeln oder NABU-Mitarbeiter über Vogeltypen und deren Lebensweise auf.

Die Carl Zeiss Vogelstation liegt westlich von Fährmannssand in der Wedeler Marsch direkt hinter dem Elbdeich und ist ganzjährig geöffnet.

Infos und Wegbeschreibung unter: 040/64 85 52 53 · Geschäftsstelle des NABU Hamburg
Tel. 040/6 97 08 90 · www.NABU-Hamburg.de · Mi, Do, Sa, So und feiertags 10–16 Uhr

87 KL!CK Kindermuseum

Es ist ein Museum und doch irgendwie nicht. Denn dies ist kein laaaaangweiliges Haus mit Glaskästen und Infotafeln, wie es Erwachsene toll finden. Zwischen den Hochhäusern am Osdorfer Born zog eine Erlebniswelt für Kinder ein. Und immer wieder macht es Klick! im Kopf.

Das KL!CK bekam sogar eine eigene HVV-Bushaltestelle. »Kindermuseum«, steht auf dem Schild, und darüber freuen sich alle schon beim Aussteigen. Es leitet zu einem bunten Ort inmitten eintöniger Hochhäuser. Kinder finden hier eine Ausstellung, die nur für sie gemacht wurde. Das bedeutet auch: Alles anfassen, bitte! Da bleibt es nicht aus, dass das Skelett aus der Körperausstellung Zähne oder einen ganzen Finger verliert. Umso besser, denn dann wandert es in die archäologische Grabungsstätte auf dem Außengelände. Dort geht es gemeinsam mit Pinsel, Kelle und Messlatte ans Werk, der Fund wird identifiziert und protokolliert. War es ein Mann oder eine Frau? Die Antwort ist nun ganz einfach. Nebenan gibt es eine beinahe echte Baustelle zum Mauernbauen, Fliesenlegen und Dachdecken. In einem anderen Teil des Museums leben Besuchergruppen wie ein Steinzeitclan: Werkzeuge herstellen, Feuer machen, Schießen mit Pfeil und Bogen. So lässt es sich auch an warmen Sommertagen wunderbar in einem Museum aushalten.

Im Innenbereich wartet zum Beispiel ein Haushalt wie bei Urgroßmutter, mit Rubbelbrett zum Waschen, Kaffeemühle und vielen anderen Geräten, die damals ohne Strom funktionieren mussten. Auch eigenes Geld lässt sich im KL!CK selber herstellen, wieder ausgeben oder sparen, dafür gibt es einen Laden und eine Bank. Am »Treffpunkt Körper« kann man seine Reaktionsgeschwindigkeiten messen, in einer Gebärmutter schaukeln oder endlich einmal Zahnarzt sein. Für die Allerkleinsten wurde das »Elementarium« eingerichtet. Viele Kinder, die hier waren, wollen nur noch eins: jeden Sonntag ins Museum!

Kl!CK Kindermuseum · Mo–Fr 9–18, So 11–18 Uhr, samstags nur für Kindergeburtstage geöffnet, sonntags Führungen · Achtern Born 127 · 22549 Hamburg · Tel. 040/41 09 97 77
Bus 21 (ab S-Bahnhof Klein Flottbek / S 1 oder Elbgaustraße / S 3, S 21), Schnellbus 37
Metrobus 3 · jeweils bis Haltestelle Achtern Born, Kindermuseum

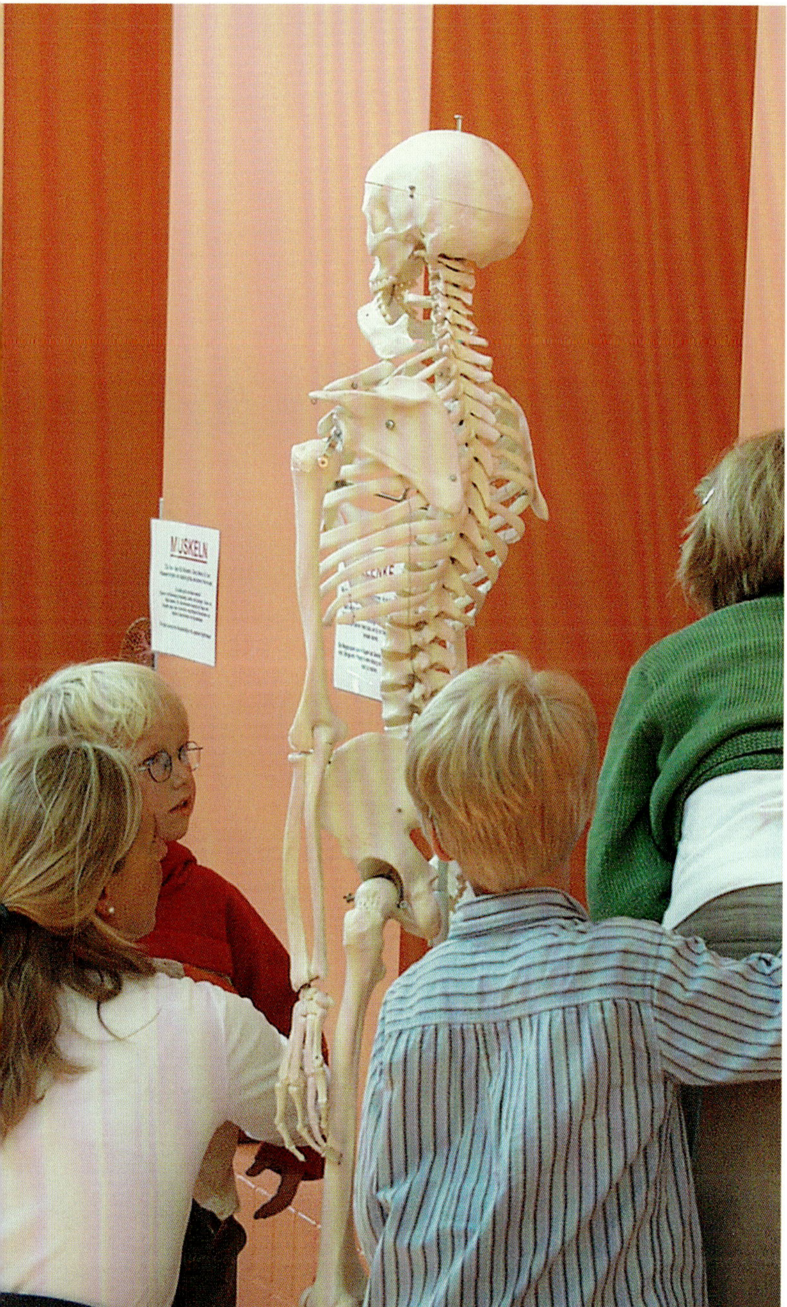
MUSKELN

Die Wattwanderung zur Insel Neuwerk

88

Schlickwandern im Weltnaturerbe Wattenmeer ist ein spannendes, aber nicht ungefährliches Abenteuer. Schnell kommt die Flut, und eben noch fast trockene Priele füllen sich mit Wasser. Es ist ratsam, sich an die Wanderzeiten, das Wetter und einen Pfad zu halten.

Das Eiland Neuwerk nordwestlich von Cuxhaven lässt sich in einer Stunde umrunden und gehört seit 1299 zu Hamburg. Es übernahm schon früh die Funktion eines Vorpostens, um die einfahrenden Schiffe an der Elbmündung vor Seeräubern zu schützen.

Während der Ebbe ist die Insel durch den Nationalpark Hamburg Wattenmeer zu Fuß erreichbar, allerdings nur zu bestimmten Zeiten. Von Cuxhaven-Duhnen kann der Weg in dreieinhalb Stunden zurückgelegt werden. Am Anfang des Wattwanderweges steigt die Spannung – aber auch der Zweifel, gepaart mit der Sehnsucht – doch lieber in eine laut vorbeiziehende Pferdekutsche einzusteigen. Doch die Hoffnung wächst, statt Schlickwürmer vielleicht durch das Wechselspiel der Gezeiten angespülte größere Brocken Bernstein zu finden. Neben der »roten Bohne« (eine Muschel, deren Fleisch leuchtend rot strahlt) kann der Interessierte auch die bis zu 15 Zentimeter große Sandklaffmuschel aufspüren. Ursprünglich heimisch an der amerikanischen Ostküste, brachten sie vermutlich schon die Wikinger als Wegzehrung in die Nordsee.

Von Weitem sichtbar ist der rund 30 Meter hohe Leuchtturm von 1310, ältestes Gebäude Hamburgs. Als Seezeichen diente er einst auch als Unterkunft für wehrhafte Truppen. Seit 1319 wurde angespülten Wasserleichen auf einem Friedhof die letzte Ruhestätte gegeben. Neuwerk bewohnen 38 Menschen. Momentan hat die inseleigene Grundschule noch eine Schülerin bis 2013. Dann schließt sie bis zur Einschulung des Nachwuchses 2015. Nebenan sammelt der ehemalige Insellehrer Hans-Gerd Backhaus das »Gold des Nordens« im »Haus Bernstein«. Für seine Funde hat er etwa 70 000 Kilometer in 35 Jahren zurückgelegt.

Wattführung: Wunderwelt Watt · Brandentenweg 2 · 27637 Nordholz · Tel. 0173/7 34 15 19
www.wattwandern-neuwerk.de · Reederei Eils · Tel. 04721/3 22 11 · www.helgolandreisen.de

89 Die Litfaßsäulen Hamburgs

Seit 2008 verschwinden die historischen Litfaßsäulen nach und nach aus dem Hamburger Stadtbild. Den individuellen Charme ersetzen digitalisierte Säulen, deren Einbindung in ein vernetztes Werbesystem den analogen »Plakatkleber« überflüssig macht.

Früher war es normal, eine Säule zu umrunden, um zu wissen, wo die Musik spielt. Die spezielle Art der Werbetafeln erfand der Berliner Drucker Ernst Litfaß (1816–1874), sie waren 150 Jahre in allen großen Städten der Welt zu Hause. Seit 2008 ersetzen sie aalglatte, hell beleuchtete, sich drehende »City-Light-Säulen«. Die Plakate sind gewaltig, nur zwei Ankündigungen haben Platz, die Werbung kostet fast das Dreißigfache und die Werbechancen kleinerer, nichtkommerzieller Anbieter verschlechtern sich zusehends. Von der Werbewirtschaft wird jetzt ein Umfeld gefordert, welches ihre Botschaften sauber transportieren soll.

Vorgesehen ist, bis 2023 rund 500 Säulen abzureißen, an die 900 werden durch moderne »hinterleuchtete« Säulen aus Kunststoff ersetzt, 300 »klassische« Säulen bleiben übrig. Darunter acht historische Litfaßsäulen im Stil der norddeutschen Backsteingotik, die unter Denkmalschutz stehen. Der Sockel ist aus rotem Klinker gemauert und mit einem Rosettenkranz abgerundet. Die Spitze verschönt eine stilisierte Blume auf einem Kegeldach aus grün glasierten Biberschwanz-Dachziegeln.

Die wohl berühmteste ist die noch begehbare »kommunale Säule« auf dem Carl-von-Ossietzky-Platz an der Langen Reihe. Die Blumenverkäuferin Marianne Blask bot in diesem »Stück kreisrunder Gemütlichkeit« seit 1947 ihre Ware an – und Hans Albers kaufte hier Chrysanthemen. Die Tür wurde geschlossen, als der letzte Blumenhändler in den Neunzigern drohte, die Säule in die Luft zu sprengen, nachdem ihm gekündigt werden sollte.

Vom Einwohnerverein und der Geschichtswerkstatt St. Georg nun vor dem Abriss gerettet, bleibt sie ein beliebter Treffpunkt für die Bürger, mit der Auflage, sie selbst instand zu halten.

Denkmalverein Hamburg · Verein Freunde der Denkmalpflege e.V.
Alsterchaussee 13 · 20149 Hamburg · Tel. 040/41 35 41 52 · www.denkmalverein.de

CIRCUS RONCALLI
HAMBURG KLOSTERTOR
11 NOV
WWW.RONCALLI.DE
GNADE
Steamboat Bill, Jr.
Kampnagel
ERIC CLAPTON
IN CONCERT
SA. 1.6.2013
HAMBURG - O2 WORLD
Bartók &
Schostakowitsch
Kammerkonzert
PERPETUUMJAZZILE
ENDLICH LIVE!
03.11.12 CCH 2 HAMBURG
CHOR ST. MICHAELIS
KRYPTA
KONZERTE
IM MICHEL
Liza Ferschtman Violine
Auf Bachs Gambe
Joachim Held Laute

HOLLYWOOD

Das mobile Kino: flexibles Flimmern

Holger Kraus sieht Orte, die ihn an einen Film erinnern, und schon ist sein individuelles Kino geboren. Als wäre das nicht genug, erfindet er noch Requisiten oder kleine Inszenierungen, die die Sinne des Publikums auf Hochtouren bringen – es soll eben auch riechen, schmecken und fühlen.

Am Anfang steht ein besonderer Ort, den Holger Kraus entdeckt. Dann stellt er sich die Frage: »Welcher Film gehört hierher?« Schließlich geht es um die Organisation: Wie ist der Ort erreichbar? Wie viele Personen passen dorthin? Seit 28 Jahren bereist Holger Kraus, 45, mit mobilem Projektor und Filmleinwand die Stadt, um Zuschauer im Rahmen seiner Veranstaltungsreihe »Flexibles Flimmern« mit ungewöhnlichen Perspektiven zu überraschen. Film und Stadtkulisse können sich dabei ergänzen, im Kontrast zueinander stehen oder einfach nur schön sein. Mal ist es ein Underground-Anarcho-Film im Altstadtquartier Gängeviertel, *Moby Dick* auf einem Schiff, der Fellini-Klassiker *La Dolce Vita* neben dem monumentalen historischen Bacchus-Brunnen im Innenhof des Atlantic Hotels oder die Episoden der Krankenhaus-Horror-Satire *GEISTER* des Dänen Lars von Trier im ehemaligen Sezierzimmer der »Alten Pathologie« des Allgemeinen Krankenhauses Eilbek. Hier zum Beispiel würde man gegen Vorlage der Krankenversichertenkarte und Entrichtung der »Praxisgebühr« nur mit einer Kerze in der Hand in den dunklen, übel riechenden »Aufbahrungsraum« eingelassen.

Für Kraus sind diese Orte besser als jeder Kinosaal. Seine Intention ist, das Bewusstsein der Menschen dafür zu schärfen, dass auch sie Bewahrer eines Stadtgefühls sind und sich als Teil des öffentlichen Raumes begreifen sollen. Zudem gestaltet er ein sinnliches Rahmenprogramm. Immer ideenreich – mit Requisiten, Essen und kurzen Lesungen – schafft er so zu jedem Film das richtige Flair. Danach wird noch so lange verweilt, bis der Weg zurück aus der Fantasie in die Realität erfolgt ist.

Mittlerweile wird zusätzlich an einem festen Platz im Schanzenviertel geflimmert · Eintritt 4–8 Euro
www.flexiblesflimmern.de

91 Das Tor zur Innenstadt und »die eigene Geschichte«

Es gibt in Hamburg Kunstwerke an Orten, die nur aus dem vorbeifahrenden Auto oder der Bahn zu erblicken sind. Die Zwillingsschwestern und Konzeptkünstlerinnen Gabriele und Barbara Schmidt Heins aus Hamburg haben sich dieser Herausforderung aufs Unterschiedlichste gestellt.

Die rostbraune Eisenskulptur erinnert an ein Tor. Sie steht seit 1989 auf dem ehemaligen Eimsbütteler Marktplatz. Heute ist dies ein von regem Straßenverkehr durchkreuzter Ort. Das Objekt ist so auf einer Verkehrsinsel aufgestellt, dass Autofahrer in Richtung Innenstadt den von zwei Pfeilern gestützten Rundbogen wahrnehmen können. Ein schräg stehendes, blaues Brett versperrt einen Teil des Durchgangs. Das stilisierte Tor von Gabriele Schmidt Heins symbolisiert den Übergang in den innerstädtischen Bereich. Sie setzt den Hamburger Slogan »Tor zur Welt« künstlerisch um. Barbara Schmidt Heins entwarf 1994 in Neonbuchstaben die drei Wörter »die eigene Geschichte«, die an drei Orten sichtbar sind. Wer mit der Fernbahn oder S-Bahn aus südlicher Richtung kommend bis Altona fährt, entdeckt alle drei.

▶ Die drei Installationsorte befinden sich entlang der Bahnlinie zwischen den Bahnhöfen Altona und Harburg. 1. Beim Fernsehturm, zwischen den S-Bahn-Stationen Sternschanze und Dammtor. 2. An der Stützmauer der Hamburger Kunsthalle, zu Fuß von der Ernst-Merck Brücke. 3. Am Busbahnhof des Bahnhofs Harburg, an der Mauer zu den Bahngleisen hin, zu Fuß von der Walter-Dudek-Brücke.

Ein Schriftzug, der den Zugreisenden zunächst rätselhaft erscheint. Die Künstlerin benutzt das Abteilfenster wie eine Kamera. Es ist ein Ausschnitt der Welt, mal näher, mal weiter entfernt. Die Sichtweise des Betrachters ist begrenzt. Aus dem Fenster blickend wird das eigene Leben wie ein Film abgespult und auf einmal »die eigene Geschichte«.

Beide Werke sind im Zusammenhang mit dem Hamburger Projekt »Kunst im öffentlichen Raum« entstanden.

Das Tor zur Welt · Kieler Straße / Eimsbütteler Marktplatz · 20257 Hamburg

GeCo

Museum der Elektrizität: electrum

92

Strom kommt aus der Steckdose, das ist soweit bekannt. Was man aber im Laufe der Jahrzehnte alles daran anschloss, kann sich kaum jemand vorstellen. Ein Harburger Museum hat die aus heutiger Sicht teils skurrilen Dinge gesammelt.

Kaum zu glauben, aber wahr: Zu den allerersten elektrischen Haushaltsgeräten gehörte der Eierkocher. Ein Chrommodell von 1905 ist im electrum zu bewundern. Zu jener Zeit war elektrischer Strom noch Besserverdienern vorbehalten. Wer eine Steckdose hatte, nutzte sie effektiv mit einem Feueranzünder: Stecker rein, und es glühte eine Drahtwendel auf, an der man wiederum Papier für den Ofen entfachen konnte. Oder Zigarren. Daher gehörte solch ein Gerät auch auf den »Rauchtisch« des Hausherren. Oft war es dekorativ oder gar kitschig gestaltet, etwa als Honigfass, hinter dem ein sitzender Bär sich die Pfote leckt. Auch einen Hosenbügler kann man in dem Harburger Museum bestaunen. Damit konnte Mutti noch rasch die Bügelfalte glätten, sogar wenn Vati die Hose bereits trug und gerade mit der Aktentasche unterm Arm das Haus verlassen wollte. Solch ein Gerät nutzte man im Jahr 1938.

Das electrum wurde 2011 im Harburger Binnenhafen neu eröffnet. Mit rund 1000 Exponaten bietet es eine spannende Zeitreise durch ein Jahrhundert Elektrizität. Im April 2013 startete die neue Abteilung »Alles elektrisch!« Sie präsentiert Haushaltsgeräte der letzten 130 Jahre, elektrische Helfer, die schon Eltern und Urgroßeltern das Leben erleichterten. Mitarbeiter führen historische Geräte und Installationen vor, zum Beispiel das Orchestrion »El Dorado«, das ein komplettes Orchester imitiert. Nostalgietränen tropfen beim Anblick von Phonograph und Grammophon. Besucher dürfen selbst elektrische Experimente durchführen oder am Fernseher die ersten Videospiele ausprobieren.

▶ Anschließend die Harburger Schlossinsel erkunden. Ein Spaziergang führt an alten Hafenbecken und Kanälen entlang, vorbei an historischen und zeitgenössischen Bauten.

electrum · So 10–17 Uhr sowie nach Absprache, Erwachsene 3 Euro, Kinder unter 14 Jahren frei
Harburger Schlossstraße 1 · 21079 Hamburg · Tel. 040/63 96 36 41 · www.electrum-hamburg.de
S 3 / 31 Hamburg-Harburg Rathaus

93 Der Tonteich

Wer die kleine Seebadeanstalt am Rand des Sachsenwaldes kennt, fährt dafür auch durch ganz Hamburg. Den Stau auf der Lombardsbrücke hat man hier nach zwei Minuten vergessen. Das heilsame Wasser wirkt auf die Haut, die Umgebung auf die Seele und die Pommes schmecken nirgendwo so gut.

Der Wald ruht entlang der Ufer, Libellen und Schmetterlinge tanzen vor dem Schilf. Noch benetzen Tauperlen die Liegewiese. Schwimmer drehen ihre ersten Runden. Das Sachsenwaldbad entführt in eine Zeit, in der man Badekappen trug und der Regen nie sauer war. Laut der Analyse von Experten ist sein Wasser von hohem gesundheitlichem Wert, weil seine Wirkung mit der von essigsaurer Tonerde zu vergleichen ist. Wer hineinspringt, spürt gleich, was gemeint ist. Das Wasser trägt den Schwimmenden wie eine Wolke. Weich und geschmeidig fühlt sich die Haut nach dem Baden an.

▶ Vom Tonteich sind es nur ca. vier Kilometer bzw. eine S-Bahn-Station bis Aumühle. So lässt sich das Badevergnügen mit einem Waldspaziergang verbinden oder mit einem Besuch im Schmetterlingsgarten. Ein Kurzurlaub ganz nah bei Hamburg!

Der Badesee entstand in der Ziegeleigrube des Friedrichsruher Tonwerkes. Sie hatte sich nach einem Werksbrand im Jahr 1911 mit Regenwasser gefüllt. 40 Jahre später errichtete man an ihrem Westufer eine erste öffentliche Badeanstalt mit Kabinen, Duschen, einem Sprungturm und einer Rutsche. 1958 weihte die damalige Grundeigentümerin, Ann-Mari Fürstin von Bismarck, die Anlage offiziell ein. 24 Jahre darauf erwarb die Gemeinde Wohltorf das Gelände. Seit 2010 kümmert sich der Sachsenwald-Bad Tonteich e.V. um das Freibad. Er sammelt Spenden für eine Entschlammungsmaßnahme. Rund 200 000 Euro sind dafür erforderlich. Darum macht Geschäftsführer Bernd Wyrwinski sich Sorgen, aber irgendwie auch nicht. »So einen Ort wie den Tonteich wird es immer geben. Das kann doch anders gar nicht sein.«

Naturfreibad Sachsenwald-Bad Tonteich · Am Tonteich 35 · 21521 Wohltorf · Tel. 041 04/28 93 www.tonteichbad.de · Anfahrt mit dem Auto: A1, Abfahrt Reinbek/Glinde (ca. 25 km/30 Min. ab Hamburger Innenstadt) · S 21 bis Wohltorf, von dort zehn Minuten Fußweg

SACHSENWALD-BAD
TONTEICH

94

Die Norddeutsche Gartenschau im Arboretum

Baumgarten klingt streng wie Baumschule, und Gehölzsammlung tönt nach Museum. Das klangvolle Wort Arboretum aber entspricht genau dem bunten Mosaik der Gartenschau: Vielfalt und Schönheit von Gehölzen sowie Blumen aus aller Welt – einmalig in ganz Schleswig-Holstein.

In dörflicher Einsamkeit ist seit 1956 vor den Toren Hamburgs ein Arboretum herangewachsen. In diesem Baumpark sind über die Jahre rund 4000 verschiedene Arten von Pflanzen und Gehölzen zusammengekommen.

Die erste sehnsüchtig erwartete Blüte im April ist die Dichter-Narzisse. Über 500 000 duften dann wie ein weißer Teppich auf der Wiese vor dem historischen reetgedeckten Münsterhof. Es folgen die etwa 2000 rosa blühenden Strauch-Pfingstrosen oder zarte über dem Wasser schwebende Lotosblüten auf dem Parksee von Ende Juli bis September. Nirgendwo anders in Deutschland gibt es sie in einer so ausgedehnten Freilandkultur.

Im Bambusurwald konkurrieren acht verschiedene Arten. Die Stangen des »Zauberbambus« (*Phyllostachys vivax*) wachsen 48 Zentimeter in zwölf Stunden! Für Kinder ist ein Bambus-Dschungel-Pfad eingerichtet, während Erwachsene sich auf andere Weise dem Bambus widmen können. Wenn eine Windböe nämlich die Stangen sanft gegeneinander drückt und wieder freilässt, kann der besondere Klang den Lauschenden in eine Art Trance versetzen.

▶ **Jeden Dienstag ab 16.10 Uhr dreht der NDR hier mit Fernsehgärtner John Langley. Zuschauer willkommen!**

Die Norddeutsche Gartenschau hat 27 Farb- und Themengärten konzipiert, die nach wissenschaftlichen oder ästhetischen Gesichtspunkten gestaltet und mit Blumenbeeten geschmückt sind. Der Indian Summer in Norddeutschland bildet den Abschluss des Jahres und sorgt Ende Oktober mit Herbstfärbern wie Rot-Ahorn, Amber-, Nymphen- und Sauerbäumen für Farben des Sonnenuntergangs.

Norddeutsche Gartenschau im Arboretum des Kreises Pinneberg. · Tgl. 10–19 Uhr
Tageskarte 7 Euro, Kinder 2 Euro · Thiensen 4 · 25373 Ellerhoop · Tel. 041 20/2 18
www.norddeutsche-gartenschau.de · Bus 185 Ellerhoop/Aboretum

95

Die Dorfkirche St. Nicolai zu Altengamme

Sie ist das älteste Gotteshaus im Gebiet der Vier- und Marschlande, bezaubert mit visueller Formenvielfalt, vereint stilistisch den Übergang vom Barock zum Rokoko und hütet einen Schatz: das einzige Überbleibsel aus dem ehemaligen Hamburger Dom, die Glocke »Celsa«.

Altengamme wurde als Gamma im 12. Jahrhundert urkundlich erwähnt, die Dorfkirche St. Nicolai anno 1247. Sie existierte aber bereits 100 Jahre zuvor, als die ersten Bauern die Vierlande besiedelten.

Ursprünglich eine einschiffige Feldsteinkirche, wurde ab 1637 an der Südseite ein Männer- und ein Frauenbrauthaus angebaut, weil der Mittelgang des Kirchenraums zu eng war.

Das Innere der Kirche mit am Tonnengewölbe funkelnden Goldsternen ist berauschend. Als 1747 die Kirche bei einem Sturm einstürzte, begann man, sie vollständig wieder aufzubauen. Seitdem sind farbenfrohe Werke einheimischer Volkskunst wie der Altar aus marmoriert bemaltem Holz, die Kanzel und fein gestaltete Intarsienarbeiten Ausdruck prachtvoller Barock-Rokoko-Ausstattungen. Älter sind der bronzene Taufkessel (1380) und zwei goldene Kronleuchter (1640). Die kuriosen 59 schmiedeeisernen Blumenstiele am Kirchengestühl dienten als Hutständer.

Mit der größten der drei Glocken »Celsa« (lat. hoch, aufgerichtet) hat es eine besondere Bewandtnis. Sie wurde als einziges Überbleibsel aus dem ab 1804 abgerissenen Hamburger Mariendom nach Altengamme verkauft. Der holländische Glockengießermeister Gerhard van Wou goss sie im 15. Jahrhundert am Glockengießerwall, sie läutet in tiefem »d«.

Während des Zweiten Weltkrieges wurde die Glocke versteckt. Sonst hätte man sie vermutlich wie so viele ihrer Schwestern eingeschmolzen, aus ihrer Bronze Kanonen gebaut und gegen billige Stahlexemplare ausgetauscht. So wurde sie auf ihre Weise ein Mahnmal gegen Krieg und zudem Zeugnis des unabhängigen Geists der hier lebenden Bevölkerung.

Ev.-Luth. Kirchengemeinde St. Nicolai zu Hamburg-Altengamme · Kirchenstegel 11
Tel. 040/7 23 52 36 · www.kirche-altengamme.de
Bus 120 Gemeindehaus Altengamme · Bus 228, 328, 428 Schule Altengamme

96 Der Wasserpark Dove-Elbe und der Eichbaumsee

Wenn es heiß wird, ist es egal, ob künstliche oder natürliche Seen für Erfrischung sorgen. Der Eichbaumsee ist dank der Greifarme riesiger Bagger aus einer Not heraus entstanden. Gleichzeitig liegen hier an der Dove-Elbe eine Regattabahn und der Yachthafen Moorfleet.

In der Nacht vom 16. Februar 1962 halten die Deiche Hamburgs dem Hochwasser nicht mehr stand. Der Sturm reißt mit Orkanstärke 13 Wassermengen, Menschen und Häuser mit sich. Die Flutwelle fordert 317 Menschenleben, 20 000 werden obdachlos. Der damalige Innensenator Helmut Schmidt dirigiert 25 000 Helfer und begründet so seine politische Karriere.

Die Flutkatastrophe war Auslöser für die Entstehung des Wasserparks Dove-Elbe und Eichbaumsees. Um die Deiche rasch wieder aufzurichten,

wurde eine Menge Kies und Sand benötigt. Zwischen der Mündung der Gose-Elbe in die hier seenartig verbreiterte Dove-Elbe und dem Moorfleeter Deich fand man, was man brauchte. Zurück blieb eine Kraterlandschaft, die erst im Rahmen eines Wettbewerbs Anfang der 1980er-Jahre wieder renaturiert wurde. Es entstanden der etwa 28 Hektar große See und der dazugehörige Park. Einer Begradigung für eine zwei Kilometer lange Regattastrecke in der Elbe fielen einige schöne Plätze zum Opfer. Im Gegensatz aber zur völlig erschlossenen Elbe im Hamburger Westen ist der ursprüngliche Charakter eines Flussarmes aus dem Elbe-Urstromtal noch zu erahnen. Im April blühen vereinzelt im Eichbaumpark noch seltene Schachbrettblumen – genau wie Schwarzpappel, Weide, Graureiher, Eisvogel oder Kormoran zu den typischen Bewohnern dieser Landschaft gehören. Nahe dem Beobachtungsturm des Ruderzentrums bieten in das Wasser gebaute Stege einen traumhaften Blick auf den Sonnenuntergang.

▶ **Auf der direkt gegenüberliegenden Seite der Dove-Elbe liegt in der Nähe das Naturschutzgebiet »Die Reit«.**

Wasserpark Dove-Elbe mit Eichbaumsee und Landesleistungszentrum
Allermöher Deich 34 · 21037 Hamburg · S 2 / 21 Mittlerer Landweg · Bus 321

Das Deutsche Maler- und Lackierer-Museum

97

Über einen Beruf der besonderen Art informiert ein Museum in der Marschlandschaft: das uralte Handwerk des Malers und Lackierers. Noch Mitte des 19. Jahrhunderts besaßen die Meister hohe Kunstfertigkeit, beherrschten Freskenmalerei oder Stuckarbeiten genauso wie figürliche Kutschenlackierung.

Jeder von uns hat schon meisterhafte Deckengemälde, Wandtapeten oder Stuckarbeiten bewundert. Ein schwieriges Handwerk, das es damals für einen Maler zu erlernen galt.

Östlich von Billwerder befindet sich in einem Glockenhaus das Maler- und Lackierer-Museum. Die Ausgestaltung der Erdgeschossräume mit täuschend echt wirkenden Stoffdrapierungen, Wandgliederungen und Blumengirlanden ist überaus sehenswert. Noch beeindruckender aber ist die zufällig wiederentdeckte barocke Bemalung der Holzdecke von 1630 im Obergeschoss, die vollkommen erhalten unter einer Abhängung vor sich hinschlummerte. Seit 2001 wird in der umgestalteten Scheune die Geschichte des Handwerks der letzten 300 Jahre gezeigt.

Angefangen hatte alles im Jahr 1981. Auf Anregung des damaligen Obermeisters Joachim Germann wurde der Beschluss gefasst, ein Hamburger Maler- und Lackierer-Museum zu gründen. Im Lauf der Zeit sammelten Ehrenamtliche aber so viele Ausstellungsstücke, dass bis 1984 Material der letzten 800 Jahre zusammenkam.

Fahnen, Silbergeräte und schriftliche Dokumente im Hauptgebäude verweisen auf die lange Tradition der Ämter und Innungen.

Schon im Mittelalter verehrten die Lukasgilden den Evangelisten Lukas (Maler von Marienbildern) als ihren Schutzpatron. Alljährlich geht es an jedem letzten Freitag im Oktober in die Hauptkirche St. Jacobi zum St. Lukasfest, auf dem die Jungmeister feierlich verabschiedet werden – immer dabei sind vier Hamburger Innungsfahnen aus dem Foyer des Museums und der wertvolle Deckelpokal der Zunft aus dem Silbersaal.

Deutsches Maler- und Lackierer-Museum · Sa und So 14–17 Uhr · Billwerder Billdeich 72 22113 Hamburg-Billwerder · Tel. 040/7 33 87 06 · Anmeldung für Gruppen: Maler- und Lackierer-Innung · Tel. 040/34 38 87 · www.malermuseum.de · Bus 330 Maler- und Lackiermuseum

98 Das Naturschutzgebiet Höltigbaum

Vor gar nicht langer Zeit war das Naturschutzgebiet Höltigbaum eine militärische Sperrzone, die jahrzehntelang Panzer überrollten. Nun bewegen sich mächtige schottische Hochlandrinder langsam durch das Grasland und verdingen sich als Landschaftspfleger. Eine natürliche Symbiose entsteht.

Wo 1992 noch Einheiten der Panzergrenadierbrigade 17 stationiert waren, liegt heute savannenähnliches Weideland, auf dem ganzjährig Galloways, Rinder, Heidschnucken, Schafe und Burenziegen grasen. Panzer hatten hier einen positiven Effekt. Erstens wurde das Areal von der landwirtschaftlichen Düngung mit Pestizideinsatz verschont und zweitens konnten sich in der durch Kettenräder aufgerissenen Vegetationsschicht seltene Pflanzen und Tiere ansiedeln.

Zur Pflege der Natur begann der Naturschutzbund (NABU) 1999 mit extensiver Rinderhaltung. Jungtriebe unerwünschter Birken sowie nachwachsendes Gras werden nun einfach weggefressen; ältere Bäume von den kräftigen Bullen abgeknickt, um an das Laub zu gelangen – auch dies ist ein gewünschter Effekt.

Die wunderbaren Wanderpfade des Höltigbaums und des Stellmoor-Ahrensburger Tunneltals, in dem seltene Libellenarten, Kammmolche oder Waldeidechsen zu Hause sind, bieten viel Abwechslung. Einerseits vermitteln sie den Eindruck weiter Steppe und dann wieder wechseln sich Waldabschnitte mit Buschland, Gewässer und Hügelketten ab – charakteristisch für dieses halboffene 558 Hektar große Gelände zwischen Hamburg-Rahlstedt und dem holsteinischen Kreis Stormarn.

Es gibt eine interaktive Ausstellung im »Haus der Wilden Weiden« mit Verkauf kulinarischer Spezialitäten. Das Fleisch stammt von Rindern, die laut Website »als Landschaftspfleger« gearbeitet haben.

Naturschutzgebiete Höltigbaum · Ahrensburger und Stellmoorer Tunneltal
»Haus der Wilden Weiden« · Eichberg 63 · 22143 Hamburg · Tel. 040/18 04 48 60 10
www.haus-der-wilden-weiden.de · www.nabu.de (Schutzgebiete)
Bus 462 Naturschutzgebiet Höltigbaum

99 Der neue Kunst-Imbiss

Statt Currywurst gibt es Zeichnungen, kleine Gemälde und Skulpturen. Ein reich bestückter Imbisswagen taucht an verschiedenen Hamburger Orten auf, mal nach Plan, mal unerwartet. Nachdem er komplett ausgebrannt war, bangten ausgehungerte Kunstfreunde um seine Zukunft. Seit 2012 ist sein weiß-blauer Nachfolger im Einsatz.

Es kann zum Beispiel an der Alster passieren, aber auch mitten in St. Pauli. Genauso in Barmbek, Wilhelmsburg oder dort, wo niemand damit rechnet: Ein Wagen rollt heran, die Klappe öffnet sich und auf Würstchen-Pappen werden feinste Kunstwerke serviert. Katharina Kohl und Detlef Georg Reiß verwirklichten die Idee, die eine längst klaffende Lücke füllte. Sie hatten herausgefunden, dass es dem Menschen im hektischen Alltag an passender kultureller Versorgung mangelte. Also kauften sie einen Imbisswagen und füllten ihn mit Bildern, Plastiken und anderen schönen Dingen, das war bereits im Jahr 2005. Sie rollten durch Hamburg, es sprach sich herum, die Menschen strömten herbei. Das Projekt der beiden freischaffenden Künstler wurde von der Initiative »Land der Ideen« ausgezeichnet.

Nach sechs Jahren kam das Ende. Vor dem Einkaufszentrum Born-Center in Osdorf brannte der Wagen nieder, rund 300 Bilder, Skulpturen und andere Kunstwerke gingen in Flammen auf. Es entstand ein Schaden von etwa 20 000 Euro. Die Polizei ermittelte wegen Brandstiftung; viele Menschen hatten feuchte Augen. Sie trugen dazu bei, zusammen mit Spenden von Behörden und Firmen, dass es eine Zukunft gab.

Im April 2012 wurde die neue Ära eingeläutet. Der Kunst-Imbiss ist nun weiß-blau und hat graugrüne Meereswellen auf der Frontklappe. Sie sind geblieben als Andenken an vorherige Einsätze. In seinem vorherigen Leben war der Wagen nämlich ein Infostand auf Sylt. Er gehörte der Deutschen Gesellschaft zur Rettung Schiffbrüchiger. Über der Klappe leuchtet in roten Lettern die lange vermisste Aufschrift: Kunst-Imbiss. Viele, die es jetzt noch nicht ahnen, werden schöne Dinge in ihm entdecken.

Der Kunst-Imbiss · Tel. 040/4 22 75 10 · Mobil 0179/5 35 51 32
www.kunst-imbiss.de · unterwegs@kunst-imbiss.de

Kunst-Imbiss

Register

Essen und Trinken

Einkaufen

Entspannt und draußen

Freizeit und Familie

Kunst und Kultur

Überraschendes und Spannendes

CV Autorin

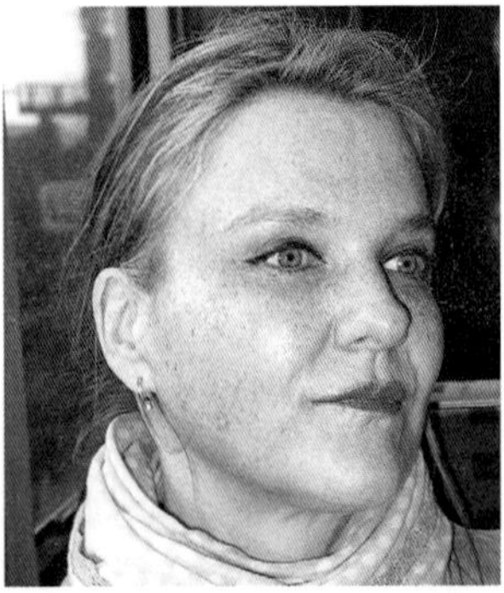

Die Freie Journalistin **Annett Rensing** lebt seit über 15 Jahren in Hamburg und hat in dieser Zeit die Stadt in all ihren Facetten kennengelernt und genossen. Als Archäologin und Spezialistin für die Vor- und Frühgeschichte Hamburgs reichen ihre Kenntnisse weit zurück. Dank des Fahrrads als primärem Verkehrsmittel bleiben ihr aber auch die neuesten Entwicklungen in der Stadt nicht verborgen.

Christine Lendt hat sich als Journalistin und Autorin auf Reisethemen spezialisiert, unter anderem mit dem Schwerpunkt Südeuropa. Der vorliegende Reiseführer bereitete ihr besondere Freude, weil sie nun auch über die schönsten Seiten ihrer Heimatstadt und so manchen lieb gewonnenen Platz schreiben konnte. Dabei stellte sie fest, dass sich noch ungeahnte Facetten eröffneten.

Ebenfalls erhältlich ...

ISBN 978-3-7654-5787-6

ISBN 978-3-7654-5208-6

ISBN 978-3-7654-5574-2

ISBN 978-3-7654-5178-2

BRUCKMANN

www.bruckmann.de

Produktmanagement: Ulrich Jahn
Lektorat: Nadja Pietraszek, Konstanz
Korrektorat: Anke Höhne, München
Satz/Layout: graphitecture book & edition
Repro: Repro Ludwig, Zell am See
Umschlaggestaltung: Thomas Uhlig, Augsburg
Kartografie: Kartographie Huber, Heike Block, München
Herstellung: Bettina Schippel, Barbara Uhlig
Printed in Slovenia by Korotan

Alle Angaben dieses Werkes wurden vom Autor sorgfältig recherchiert und auf den aktuellen Stand gebracht sowie vom Verlag geprüft. Für die Richtigkeit der Angaben kann jedoch keine Haftung übernommen werden. Für Hinweise und Anregungen sind wir jederzeit dankbar. Bitte richten Sie diese an: Bruckmann Verlag GmbH Postfach 40 02 09 D-80702 München
E-Mail: lektorat@verlagshaus.de

Die Texte »Die Kirche St. Katharinen« und »Das Franzbrötchen – nur in Hamburg« stammen von Sebastian Knauer. Alle anderen Texte von Christine Lendt bzw. Annett Rensing.

Bildnachweis:
Christine Lendt: S. 9, 25 o., 85, 93, 99, 104, 119, 123-128, 133, 135, 138, 142-148, 152–157, 160, 163; Annett Rensing: S. 55, 60, 71, 72,76, 80 o., 128, 171; Adam Ostrowski: S. 10; Frohstoff Siebdruck: S. 15; Goot Hamburg S. 16; Hamid Ghandehary: S. 21 u.; Kunsthaus: S 21 o.; Michael Bernhardi: S. 22; Gewürzmanufaktur: S. 25; Kinderkunstmuseum: S. 26; Staatsarchiv Hamburg: S. 29; K.H. Wilke: S. 30; Bezirksamt Hamburg Nord: S. 32–33; Coffee to Fly: S. 34/35; graugans design: S. 37; Shrine Art: S. 38; Haltestelle zur Wurst S. 41; Komitee für Igelschutz e.V. Hamburg: S. 42; Andreas Garrels: S. 44/45; Tina Lorgi: S. 47 o.; Stiftung Denkmalpflege/Gabriele Schabbel-Mader: S. 47 u.; Galerie Levy: S. 48; Rösterei Burg mit Museum: S. 51; Harald Kemna: S. 52; Hotel Radisson Blue S. 56; dampfboot S. 59; Thies Ibold: S. 64; Andrea Lupberger: S. 66; Margot Schmidt S. 75; Logensaal Kammerspiele S. 79; Markus Diehl: S. 80 u.; Timo Schiel S. 86/87; W. Malik S. 87; Susanne Behrens S. 90; Schulmuseum S. 94; Turgay + Ugur: 99 o.; Denkmalstiftung S. 99 u.; Karen Stricker S. 101; Samova: 103; Hafenmuseum S. 107; Internationales Maritimes Museum Hamburg S. 108; Elbinsel Kaltehofe S. 111; Ulrike Pfeiffer S. 120; The Box: S. 131, The Box S. 139; Bäderland Hamburg S. 140/141; artyoga S. 142; Maximillian Fischer von Mollard S. 159; 28 Grad S. 164; Reepschlägerhaus e.V. S. 167; NABU/Heike Springer und Marco Sommerfeld: S. 160 o.; Klick S. 171; www.wattwandern-neuwerk.de S. 164; www.heimathafen-aktuell.de S. 167; Holger Kraus S. 168; Norddeutsche Gartenschau im Arboretum S. 178; Electrum S. 180; Florian Quandt/Hamburger Morgenpost S. 175; Tobias Gätke S. 179; Thomas Ruß S. 180; H.v.Gundlach S. 182; NABU/Krzysztof Wesolowski S. 184f; Kunstimbiss S. 187

Umschlagsvorderseite: Dach Fischmarkthalle (Borg Enders/shutterstock.com)
Umschlagrückseite: Ausstellungsstück Altonaer Museum

Die Deutsche Nationalbibliothek verzeichnet diese Publikation in der Deutschen Nationalbibliografie; detaillierte bibliografische Daten sind im Internet über http://dnb.d-nb.de abrufbar.

 ISBN 978-3-7654-6534-5